O Príncipe

Autor: Nicolau Maquiavel (1469 – 1527)

Tradução do original italiano por

Edson Amaro de Souza

Email do tradutor: plantearvores2@gmail.com

GW00730487

O Príncipe

DEDICA

NICOLAUS MACLAVELLUS

AD MAGNIFICUM LAURENTIUS MEDICEM.

[Nicolau Maquiavel ao Magnífico Lourenço de Medici.]

Costumam, na maioria das vezes, os que desejam conquistar graças junto a um príncipe, ir ao encontro deles com as coisas que têm de mais caras, ou com as quais veem a maioria deleitar-se; de onde se vê muitas vezes serem presenteados com cavalos, armas, brocados de ouro, pedras preciosas e semelhantes ornamentos, dignos de sua grandeza. Desejando eu, portanto, apresentar-me à Vossa Magnificência, com algum testemunho de minha lealdade para convosco, não encontrei entre meus utensílios nada que eu considere tão cara ou tão estimável quanto o conhecimento das ações dos grandes homens, aprendido com uma grande experiência das coisas modernas e uma contínua lição das antigas as quais, tendo eu com grande diligência cogitado e examinado, envio-as a Vossa Magnificência reduzidas em um pequeno volume. E se bem que eu julgue esta obra indigna de Vossa presença, também confio que por vossa humanidade será aceita, considerando que de minha parte não Vos oferecer melhor presente que dar-vos oportunidade de em brevíssimo tempo entender tudo aquilo que em tantos anos e com tantos incômodos e perigos conheci. Não adornei tal obra nem a enchi com cláusulas amplas, ou com qualquer outra mentira ou ornamento supérfluo com os quais muitos costumam enfeitar e descrever seus assuntos, porque eu quis que somente a verdade a honre ou que somente a variedade da matéria e a gravidade do assunto vos agrade. Nem quero que seja considerada presunção se um homem de baixo e ínfimo *status* se atreve a discutir e avaliar os governos dos príncipes, porque assim como aqueles que desenham os países se colocam na planície para considerarem a natureza dos montes e dos lugares altos, e para considerarem a dos lugares baixos se colocam nos montes, igualmente, para conhecer bem a natureza dos povos é necessário ser príncipe, e para conhecer a dos príncipes, é necessário ser povo.

Tome, portanto, Vossa Magnificência, este pequeno presente com o ânimo com que o envio, que, se assim for diligentemente considerado e lido, verá dentro um desejo meu extremo, de que alcanceis a grandeza que a fortuna e outras qualidades vossas vos prometem. E, se Vossa

Magnificência, alguma vez, voltar os olhos para estes lugares baixos, verá que eu indignamente suporto uma grande e contínua injustiça da fortuna.

Capítulo 1

Quot sint genera principatuum et quibus modis acquirantur.

[De quantas espécies são os principados, e como se conquistam.]

Todos os estados, todos os domínios que tiveram e têm império sobre os homens, foram e são ou repúblicas ou principados. Os principados são hereditários, em alguns dos quais o sangue [(linhagem)] do senhor é antigo, ou é novo. Nos novos, ou é de todo novo, como no caso de Francesco Sforza em Milão, ou são como membros acrescentados ao estado hereditário do príncipe que os conquista, como é o reino de Nápoles para o rei da Espanha. São estes domínios assim conquistados, ou constrangidos a viverem sob um príncipe, ou acostumados a serem livres; e conquistados, ou com armas próprias ou alheias, ou por sorte ou por virtude.

Capítulo 2

De principatibus hereditariis.

[Dos principados hereditários.]

Deixarei de discutir sobre as repúblicas, porque depois discuti-las-ei longamente[1]. Voltar-me-ei somente para os principados, e desenvolverei

---

[1] Nota do tradutor: Maquiavel se refere à sua obra maior, "Discursos Sobre A

os tipos já mencionados, e discutirei como estes principados podem ser governados e mantidos.

Digo, portanto, que nos estados hereditários e familiarizados com o sangue do seu príncipe, há bastante menos dificuldade para mantê-los que nos novos; porque basta não desprezar a ordem dos seus antepassados e conviver com os acidentes; de modo que, se tal príncipe por de Inteligência mediana, sempre se manterá em seu estado, se não houver uma força extraordinária e excessiva que o prive dele e, tendo sido dele privado, qualquer imprevisto que ocorra contra o usurpador, ele o reconquista.

Tivemos na Itália, por exemplo, o duque de Ferrara, que não resistiu aos ataques dos venezianos em 1484, nem aos do papa Júlio em 1510, por ser antigo naquele lugar. Porque o príncipe natural tem menores razões e menores necessidades de ofender, disso resulta ser ele mais amado; e se vícios extraordinários não o fizerem odiado, é razoável que naturalmente seja amado. E na antiguidade e continuação do domínio são apagadas as memórias e as razões das inovações, porque sempre uma mutação deixa material para a edificação de outra.

Capítulo 3

De principatibus mixtis

[Dos principados mistos.]

Mas é no principado novo que estão as dificuldades. E, primeiramente, se não é totalmente novo, mas como um membro, que junto

---

Primeira Década de Tito Lívio", na qual ele fala sobre a República romana pré-cristã, anterior ao Império, e elogia as virtudes daquele sistema político em oposição aos defeitos dos governos europeus da sua época, especialmente as repúblicas e principados da Itália.

ao todo pode ser chamado quase misto, as suas instabilidades nascem de uma natural dificuldade, a qual está em todos os principados novos: consiste em que os homens gostam de mudar de senhor, crendo que melhorarão; tal crença os faz pegar em armas – enganam-se, pois veem depois por experiência que pioraram. Isso resulta de uma necessidade natural e ordinária, que é a de que sempre é necessário ofender aqueles dos quais te tornas o novo príncipe, e com gente armada, e com infinitas outras injúrias que a nova aquisição custa; de modo que tendes como inimigos todos aqueles que ofendeste ao ocupar o principado, e não podem manter como amigos aqueles que te auxiliaram, por não poderes satisfazê-los do modo como esperavam e por não poderes usar contra eles remédios fortes por lhes seres grato, pois sempre, mesmo que alguém tenha um exército fortíssimo, precisa da ajuda dos nativos para entrar em uma província. Por estas razões, Luís XII, rei da França, rapidamente ocupou Milão e rapidamente a perdeu; e bastaram para tirá-la dele as próprias forças de Ludovico; porque aquelas pessoas que lhe tinha aberto as portas, vendo-se desiludidas quanto às suas expectativas e o futuro bem que tinham imaginado para si, não podiam suportar os aborrecimentos com o novo príncipe.

É bem verdade que, conquistando-se pela segunda vez os países rebelados, estes se perdem com mais dificuldade, porque o senhor, ao descobrir a rebelião, é menos cauteloso ao assegurar-se e punir os delinquentes, descobrir os suspeitos, prevenir-se nos pontos mais fracos. De modo que, se para que a França perdesse Milão bastou, da primeira vez, um duque Ludovico fazendo rumor nas fronteiras, para fazê-lo da segunda vez, foi preciso o mundo todo contra, e que seus exércitos fossem expulsos ou fugissem da Itália, devido às razões supracitadas. Mesmo assim, da primeira e da segunda vez, foi-lhe tirado. As razões universais da primeira vez já foram expostas; resta agora dizer as da segunda, e ver que remédios para elas havia, e ver que remédios pode haver para quem estiver nessa situação, para poder manter sua aquisição melhor que o fez a França. Digo, portanto, que estes estados, que, ao serem conquistados, juntam-se a um estado antigo do conquistador, ou são da mesma província e da mesma língua ou não são. Quando o são, é facílimo mantê-los, principalmente se não estão habituados a viverem livres; e para possuí-los seguramente basta extinguir a linhagem do príncipe que os dominava, porque nas outras coisas, mantendo eles os velhos hábitos e não lhes sendo deformados os costumes, os homens vivem assim tranquilamente; como se viu que fizeram a Borgonha, a Bretanha, a Gasconha e a Normandia, que por tanto tempo estiveram com a França; e se houver alguma diferença na língua e mesmo assim os costumes forem semelhantes, poderão facilmente conviver entre si. E quem os conquistar, desejando mantê-los, deve ter duas preocupações: uma, que o sangue do príncipe antigo se extinga; outra, não mudar suas antigas leis nem seus tributos, de modo que, em pouco tempo, tornem-se, com seus antigos domínios, um corpo íntegro.

Mas quando se conquistam Estados em uma província diferente na língua, nos costumes e nas leis, eis as dificuldades; e aqui é necessário ter muita sorte e muito engenho para mantê-los; e um dos melhores e mais vivos remédios é que o conquistador vá habitá-los. Isto faria mais segura e mais durável a possessão: como fez o Turco com a Grécia, pois com todos os seus outros procedimentos para manter aquele território, se não tivesse ido habitá-lo, não lhe seria possível mantê-lo. Porque, lá estando, vendo nascer as desordens, rapidamente as pode remediar; não estando lá, delas só tomará conhecimento quando forem grandes e não terão remédio. Não será, além disso, a província espoliada pelos teus oficiais; satisfazem-se os súditos com o recurso ao príncipe próximo; isso lhes dá mais razões para amá-lo, querendo ser bons, e, querendo o contrário, para temê-lo. O estrangeiro que quiser assaltar tal estado terá receio, de modo que, habitando-o, muito dificilmente poderá perdê-lo.

O outro melhor remédio é enviar colônias para um ou dois lugares que sejam como entradas para esse estado; porque é necessário ou fazer isto ou manter bastante gente armada e infantaria. Nas colônias não se gasta muito; e sem despesa, muita ou pouca, elas são enviadas e mantêm-se; e isso só ofende àqueles a quem se tiram os campos e as casas para dá-los a novos habitantes, que são uma parte mínima daquele estado; e aqueles aos quais ofende, continuando dispersos e pobres, não lhes podem nunca fazer mal; e todos os outros permanecem do seu lado isentos, e por isto devem ficar quietos e com medo de não errarem, por temerem que lhes aconteça como aos que foram espoliados. Concluo que estas colônias não custam, são mais fiéis e ofendem menos; e os ofendidos não podem fazer mal por estarem pobres e dispersos, como já falei. O que se há de notar é que os homens devem ser agradados ou extintos; porque se vingam-se das ofensas leves, das graves não podem: de modo que, quando se faz uma ofensa a um homem, seja de tal forma que não se tema a vingança. Mas mantendo-se, ao invés de colônias, gente armada, gasta-se mais, tendo de gastar-se na guarda todos os ganhos daquele estado; de modo que a aquisição se torna perda e ofende muito mais, porque prejudica todo aquele estado, colocando nas residências o seu exército; tal agressão todos a sentem e cada um se torna um inimigo; e são inimigos que podem fazer mal, permanecendo vencidos em sua própria casa. De todo jeito, portanto, essa guarda é inútil tanto quanto são úteis as colônias.

Deve ainda quem estiver numa província disforme como foi dito fazer-se chefe e defensor de vizinhos menos fortes, e empenhar-se para enfraquecer os fortes dela, e guardar-se para que por nenhum acidente entre lá um forasteiro tão potente quanto ele. E sempre acontecerá que será introduzido por aqueles que estiverem insatisfeitos ou por ambição excessiva ou por medo: como já se vi que o etólios introduziram os romanos na Grécia; e em todas as outras províncias em que entraram, foram introduzidos por provincianos. E a ordem das coisas é que tão logo um forasteiro poderoso entra em uma província, todos aqueles que nela são menos poderosos aderem a ele, movidos pela inveja que têm contra quem é mais forte que todos eles; tanto que, a respeito desses menos poderosos, ele não lhe dará trabalho algum ganhá-los para si, porque rapidamente todos juntos fazem um bloco com o estado conquistado. Deve-se apenas cuidar para que não acumulem demasiada força nem demasiada autoridade; e facilmente poderá, com suas forças e com seu apoio, derrubar aqueles que forem mais poderosos, de modo a tornar-se árbitro absoluto da província. E quem não governar bem nesta parte perderá rápido o que tiver conquistado; e, enquanto o tiver, terá infinitos obstáculos e incômodos internos.

Os romanos[2], nas províncias que conquistaram, observaram bem estas partes: criaram colônias, ajudaram os menos poderosos sem aumentar o poder deles, oprimiram os mais poderosos e não deixaram que estrangeiros poderosos ganhassem reputação. E quero que me baste apenas a província da Grécia como exemplo. Foram mantidos por eles os aqueus e os etólios; foi rebaixado o reino dos macedônios; foi expulso Antíoco;

---

[2] Nota do tradutor: Maquiavel dedicou um livro inteiro ao estudo da República de Roma, anterior ao Império, e se mostra sempre entusiasta da ideia de fundar colônias. A prática dos romanos era que os soldados servissem ao exército dos 20 aos 45 anos. Atingida essa idade, eles eram "aposentados", recebendo uma considerável soma de dinheiro e um pedaço de terra, geralmente fora de Roma: assim eram criadas as colônias. Segundo Ariel Palacios, em artigo publicado em 08/07/2019 ("Da Alemanha ao Chile: A história da aposentadoria em diferentes países"), na revista *Época* (editora Globo), as cidades de Mérida e Emérita Augusta (hoje Zaragoza), na Espanha, foram fundadas para abrigar esses veteranos.

nunca os méritos dos aqueus e dos etólios fizeram com que lhes fosse permitido aumentarem seu poder; nem a insistência de Felipe os convenceram a serem amigos dele sem rebaixá-lo; nem o poder de Antíoco pôde fazer que lhe consentissem manter algum estado naquela província. Porque os romanos fizeram, nestes casos, o que todos os príncipes sábios deveriam fazer: os quais, não somente devem precaver-se dos escândalos presentes, como os futuros, e a estes com toda a indústria evitar; porque, prevenindo-se antecipadamente, facilmente serão evitados; mas, esperando que se lhe apresentem, o remédio não terá tempo, porque a moléstia se terá tornado incurável. E acontece neste caso como os médicos dizem da tísica, que, no princípio, é fácil de curar e difícil de reconhecer, mas, com o passar do tempo, não tendo sido no princípio conhecida nem medicada, fica fácil de conhecer e difícil de curar. Assim acontece com as coisas do estado: pois, conhecendo antecipadamente, o que não é dado senão a um prudente, os males que nele nascem são rapidamente curados; mas, quando por não havê-los conhecido se deixa que cresçam de modo que todos os conheçam, não há mais remédio.

Por isso, os romanos, vendo de longe os inconvenientes, os remediavam sempre; e não os deixaram nunca prosseguir para evitar uma guerra, porque sabiam que uma guerra não se evita, mas se adia em vantagem dos outros; por isso, preferiam fazer guerra contra Filipe na Grécia para não tê-lo de fazer na Itália; e podiam evitar uma e outra, o que não queriam. Nem lhes agradava o que todos os dias anda nas bocas dos sábios de nosso tempo – gozar o benefício do tempo – mas sim o benefício de sua prudência e virtude; porque o tempo empurra tudo para a frente, e pode trazer tanto o mal quanto o bem.

Mas tornemos à França, e examinemos se das coisas ditas fizeram alguma; e falarei de Luís, e não de Carlos, que, por ter mantido mais longas possessões na Itália, seus progressos são mais vistos: e vereis como ele fez o contrário do que se deve fazer para manter um estado disforme.

O rei Luís entrou na Itália pela ambição dos venezianos, que queriam ganhar metade do estado da Lombardia com a sua vinda. Eu não quero criticar essa decisão que o rei tomou porque, querendo ele por um pé na Itália, e não tendo amigos nesta província, antes, sendo-lhe, por causa do rei Carlos, fechadas todas as portas, foi forçado a aceitar os amigos que podia: e teria sido muito correta a decisão tomada, se não tivesse cometido erro algum com as outras providências. Conquistada, portanto, a Lombardia pelo rei, reconquistou para si a reputação que Carlos lhe tirara: Gênova cedeu; os florentinos se tornaram aliados; o Marquês de Mântua, o Duque de Ferrara, os Bentivogli, a Senhora de Furlí, os Senhores de Faenza, de Pesaro, de Rímini, de Camerino, de Piombino, o povo de Lucca, de Pisa, de Siena, todos foram ao seu encontro para se tornarem aliados. E então puderam os venezianos considerarem a temeridade de sua decisão; os quais, para conquistarem duas terras na Lombardia, fizeram o rei senhor de dois terços da Itália.

Considere alguém com quão pouca dificuldade podia o rei manter na Itália sua influência, se ele tivesse observado as regras supracitadas, e mantido seguros e defendidos todos os seus amigos, os quais, por serem em grande número fracos e terem medo, uns da Igreja, outros dos venezianos, precisavam sempre estarem ao seu lado; e por meio deles poderia facilmente proteger-se de quem acumulasse poder. Mas ele, tão logo foi a Milão, fez o contrário, ajudando o papa Alexandre para que este ocupasse a Romanha. Nem se deu conta, com essa deliberação, que assim se enfraquecia, perdendo os aliados e os que se puseram à sua sombra, e fortalecia a Igreja, acrescentando ao espiritual, que lhe dá tanta autoridade, o poder temporal. E, feito o primeiro erro, foi obrigado a prosseguir, até que, para pôr fim à ambição de Alexandre e para que não se tornasse senhor da Toscana, foi forçado a vir à Itália. Não lhe bastou ter engrandecido a Igreja e perdido os aliados, de modo que, querendo o reino de Nápoles, dividiu-o com o rei da Espanha; e, onde primeiro ele era árbitro da Itália, arranjou um igual, de modo que os ambiciosos e descontentes com ele tinham a quem recorrer; e onde podia deixar no reino um rei que fosse seu cliente, tirou-o de lá para pôr um que de lá podia expulsá-lo.

É coisa realmente muito natural e comum desejar conquistar; e sempre, quando os homens o fazem podendo-o, serão louvados ou não criticados; mas, quando não podem e querem fazê-lo de qualquer maneira, eis o erro e a crítica. Se a França, portanto, podia, com as suas forças, assaltar Nápoles, devia fazê-lo; se não podia, não devia dividi-la. E se a divisão da Lombardia feita com os venezianos merece desculpa, por ter com ela posto o pé na Itália, esta [a de Nápoles] merece crítica, por não ser redimida por tal necessidade.

Luís, então, cometeu esses cinco erros: extinguiu os menos poderosos; acrescentou na Itália poder a um poderoso, introduziu nela um forasteiro potentíssimo, não veio habitá-la nem introduziu colônias. E apesar disso, tais erros, vivendo ele, poderiam não prejudicá-lo, se não tivesse cometido o sexto, de tirar a autonomia dos venezianos; porque, se não tivesse engrandecido a Igreja e nem posto na Itália a Espanha, seria bem necessário rebaixá-los; mas tendo eles primeiramente tomado seu partido, não deveria nunca consentir na ruína deles; porque, sendo eles poderosos, teriam sempre mantido os outros distantes da Lombardia, fosse porque os venezianos não tê-lo-iam consentido sem se tornarem senhores dali, fosse porque os outros os outros não teriam querido tirá-la da França para dá-la a eles, e para entrar em conflito com ambos não teriam ânimo. E se alguém disser: "O rei Luís cedeu a Alexandre [VI, o papa] a Romanha e à Espanha o Reino para evitar uma guerra", respondo, com as razões ditas acima, que não se deve nunca deixar passar uma desordem para evitar uma guerra, porque não se deve evitá-la ao menos que te seja desvantajosa. E se alguém alegasse a palavra que o rei dera ao papa, de fazer por ele aquela empresa, em troca da resolução de seu matrimônio e o chapéu [cardinalício] de Ruão, respondo com o que depois direi sobre a palavra dos príncipes e como observá-la. Perdeu, portanto, o rei Luís a Lombardia por não ter observado alguns dos termos observados por outros que conquistaram províncias e quiseram mantê-las. Isto não é nenhum milagre, mas coisa muito ordinária e racional. E sobre esta matéria falei em Nantes com o cardeal de Ruão, quando o [Duque] Valentino[3], que assim era

---

[3] Nota do tradutor: Nome pelo qual ficou conhecido César Borgia (1475-1507), filho do cardeal Rodrigo Bórgia e sua amante Vannozza de Cattanei. Quando seu pai, em 1492, tornou-se o papa Alexandre VI, César, então bispo da cidade espanhola de Valência, foi por ele nomeado arcebispo e, no mesmo ano, cardeal. Suspeitam os historiadores que, para conquistar as graças de filho preferido, tenha ordenado a morte do seu irmão, Giovanni. Em 1498, renunciou ao cardinalato com o intuito de fazer um casamento politicamente vantajoso, o que se deu no ano seguinte, quando, já nomeado Duque de Valentinois e Dios por Luís XII, da França, desposou Carlota d'Albret, irmã de João d'Albret, rei de Navarra. Nomeado capitão-general da Igreja, empreende duas campanhas bélicas a fim de reconquistar para os Estados Pontifícios o território da Romanha, o que, já no final da primeira delas, lhe vale o título de Duque da Romanha. Após a morte de seu pai, vítima da malária, em 1503, seu sucessor, Pio III, confirma-lhe o posto de capitão-general da Igreja. Já o pontífice seguinte, Júlio II (ver nota 48) apesar de ter contado com o seu apoio para eleger-se, aprisiona-o e o confia aos reis da Espanha, Fernando de Aragão e Isabel de Castela, que o confinam na fortaleza de La Mota, de onde fugiu para Navarra, no intuito de se juntar a seu cunhado João d'Albret, em luta contra Fernando de Espanha. Tombou combatendo em Viana, no dia 12 de março de 1507. João d'Albret ordenou que o sepultassem na igreja de Santa Maria e em seu mausoléu o povo de Navarra escreveu depois: "Aqui jaz aquele que o mundo inteiro temeu". Muito se comenta sobre a paixão entre César e sua irmã Lucrécia, cujo marido, Alfonso Bisceglie, foi morto sob suas ordens. O cinema brasileiro produziu uma comédia sobre o tema, *Essa tal Lucrecia Bórgia*, com a irreverente Dercy Gonçalves no papel principal. Na literatura, encontra-se sobre tais fatos o romance *Os Bórgia*,

chamado popularmente César Bórgia, filho do papa Alexandre, ocupava a Romanha; porque, dizendo-me o cardeal de Ruão que os italianos não entendiam de guerra, eu lhe respondi que os franceses não entendiam de Estado, porque, se entendessem, não deixariam que a Igreja viesse com tanta grandeza. E por experiência se tem visto que, na Itália, a grandeza dela e da Espanha foi causada pela França, e a ruína desta causada por elas. Do que se extrai uma regra geral que nunca ou raramente falha: quem é a razão para que outro se torne poderoso arruína-se; porque este poder é causado por ele ou com engenho ou com a força; e ambas dessas duas coisas são suspeitas a quem se tornou poderoso.

Capítulo 4

Cur Darii regnum quod Alexander occupaverat a successoribus
suis post Alexandris mortem non defecit.

[Por quais razões o reino de Dario, que foi ocupado por Alexandre, não se rebelou contra seus sucessores após a morte de Alexandre.]

Consideradas as dificuldades para se manter um estado há pouco conquistado, poderia alguém maravilhar-se como foi possível que Alexandre Magno tornou-se senhor de toda a Ásia em poucos anos, e, tão logo a ocupou, morreu; daí parecia razoável que todo aquele território se rebelasse; mesmo assim os sucessores de Alexandre o mantiveram e não houve outra dificuldade para mantê-los que aquela entre eles mesmos, por ambição própria, nasceu. Respondo que os principados dos quais se tem memória se acham governados de dois modos diversos: ou por um

---

escrito pelo ítalo-americano Mario Puzo.

príncipe, e todos os outros servidores, os quais, como ministros por graça e concessão sua, ajudam a governar o reino; ou por um príncipe e por barões, os quais, não por graça do senhor, mas pela antiguidade de seu sangue mantêm tal título. Estes tais barões têm territórios e súditos próprios, que os reconhecem como senhores e têm por eles natural afeição. Os estados governados por um príncipe e por servos têm seu príncipe com mais autoridade, porque em toda a sua província não há ninguém reconhecido como superior além dele; e se obedecem a alguém mais, o fazem como ministro e oficial, e não lhe votam particular amor.

Os exemplos destes dois tipos de governo são, em nosso tempo, o Turco e o rei da França. Toda a monarquia do Turco é governada por um senhor, os outros são servos dele; e, dividindo o seu reino em sandjaques, para lá manda diversos administradores, e os muda e varia conforme lhe parece. Mas o rei da França está no meio de uma antiga multidão de senhores, naquele Estado reconhecidos por seus súditos e amados por eles: têm as suas preeminências: não pode o rei tirá-las correr perigo. Quem considerar, portanto, um e outro destes Estados, encontrará dificuldade em conquistar o território do Turco, mas, uma vez vencido, grande facilidade em mantê-lo. As razões da dificuldade em conquistar o reino do Turco estão em não poder ser chamado pelos príncipes daquele reino, nem esperar, que a rebelião daqueles que estão em torno dele facilite a sua empreitada: isso nasce das razões ditas acima. Porque sendo todos servos dele e a ele sujeitos, é mais difícil corrompê-los; e, caso se corrompessem, seriam pouco úteis, pois não podem liderar os povos pelas razões assinaladas. Daí que, para assaltar o Turco, é necessário avaliar que o encontrará unido; e é conveniente esperar mais das próprias forças que na desordem dos outros. Mas, uma vez vencido e derrotado na campanha de modo que não possa refazer seus exércitos, não há mais nada a temer que a linhagem do príncipe que, extinta, não resta ninguém a quem temer, não tendo os outros crédito com seu povo; e como o vencedor, antes da vitória, não podia esperar nada [do povo], do mesmo modo não deve, depois dela, temer [o povo].

O contrário sucede nos reinos governados como o da França, porque com facilidade podes entrar lá, convencendo algum barão do reino; porque sempre se encontra alguém descontente e alguém que queira renovação. Esses, pelas razões ditas, te podem abrir o caminho para aquele país e facilitar-te a vitória; depois dela, querendo manter-te, encontras à frente infinitas dificuldades, seja com os que te ajudaram, seja com os que oprimiste. Nem te basta extinguir o sangue do príncipe; porque restam aqueles senhores que se fazem chefes das novas alterações; e, não podendo nem contentá-los nem eliminá-los, perdes o território na primeira oportunidade.

Ora, se considerardes qual era a natureza do governo de Dario, considerá-lo-eis similar ao do Turco; e por isso foi necessário a Alexandre primeiro atacá-lo inteiro e tirar-lhe o exército: depois desta vitória, morto Dario, ficou para Alexandre aquele território seguro, pelas razões acima discutidas. E seus sucessores, se tivessem ficado unidos, poderiam tê-lo gozado ociosos, pois naquele reino não nasceram outros tumultos que os suscitados por eles próprios. Mas os Estados ordenados como o da França é impossível possuí-los com tanta tranquilidade. Disto nascem as frequentes rebeliões da Espanha, da França e da Grécia dos romanos, pelos vários principados que havia nesses Estados: dos quais, enquanto houve memória, sempre estiveram os romanos incertos daquela posse; mas extinta a memória deles, com a potência e a duração do império, tornaram-se dele seguros possuidores. E possuíram-no também aqueles que, combatendo entre si, tirou cada um para si uma parte daquelas províncias, segundo a autoridade que tinham conquistado dentro delas; e elas, por estar extinta a linhagem do seu antigo senhor, reconheciam apenas os romanos. Considerando portanto todas estas coisas, ninguém maravilhar-se-á da facilidade que teve Alexandre para manter o território da Ásia e das dificuldades que têm outros para manterem o conquistado, como Pirro[4] e muitos. O que nasce não da muita ou pouca virtude do vencedor, mas da diversidade do conquistado.

Cap. 5

Quomodo administrandae sunt civitates vel principatibus, qui, antequam occuparentur suis legibus vivebant.

[Como se deve governar as cidades ou principados que, antes da conquista, viviam com suas leis.]

Quando os territórios que se conquistam, como foi dito, estão acostumados a viverem com as próprias leis e em liberdade, para mantê-los há três modos: o primeiro, arruiná-los; o outro, ir para lá e habitá-lo pessoalmente; o terceiro, deixá-los viver com suas leis, extraindo deles um tributo e criando lá dentro um governo de poucos que o mantenham aliado a ti. Porque, sendo o tal governo criado pelo príncipe, sabe que não pode ficar sem sua amizade e seu poder, e fará tudo para mantê-los. E mais

---

[4] Nota do tradutor: Pirro II (319 a 272 antes de Cristo), rei do Epiro, no Noroeste da Grécia, enfrentou os romanos em 279 a.C. Graças à surpresa dos romanos diante de seus elefantes, ele os venceu em Heracleia (280) e em Ásculo (279). Após esta última e tão dura vitória, respondeu aos que o felicitavam: "Mais uma vitória desta e estarei perdido". Por fim, os romanos o venceram em Benavente no ano 275 a.C. De volta à Grécia, cercando a cidade de Argos, foi morto por uma velha que, de cima de uma casa, atirou uma telha em sua cabeça.

facilmente se mantém por meio de seus cidadãos uma cidade acostumada a viver livre que de algum outro modo, querendo preservá-la.

Como exemplos temos os espartanos e os romanos. Os espartanos mantiveram Atenas e Tebas criando um governo de poucos; mesmo assim, perderam-nas. Os romanos, para manterem Cápua, Cartago e Numância, destruíram-nas, e não as perderam. Quiseram possuir a Grécia como a possuíram os espartanos, fazendo-a livre e deixando suas leis; e não conseguiram, de modo que foram obrigados a destruir muitas cidades daquela província, para mantê-la. Porque, na verdade, não há modo mais seguro de manter [um território] que a ruína. E quem se torna senhor de uma cidade acostumada a viver livre e não a destrói, é por ela destruído; porque sempre há por refúgio, na rebelião, o nome da liberdade e das suas antigas instituições, os quais, nem pelo passar do tempo nem pelos benefícios se apagam. E por mais que se faça e se providencie, se não se dispersam ou se dissipam os habitantes, não esquecem aquele nome e aquelas instituições, e rapidamente se recordam deles em cada acidente, como fez Pisa após cem anos de servidão aos florentinos. Mas, quando as cidades ou as províncias são acostumadas a viver sob um príncipe, sendo, de um lado, acostumados a obedecer e, de outro, não sendo o príncipe velho, não entram em acordo para se unirem, viver livres não sabem; de modo que tardam a pegar as armas e com mais facilidade lhes pode um príncipe vencê-los e proteger-se deles. Mas nas repúblicas é maior o vigor, maior o ódio, maior o desejo de vingança; não as deixa nem as pode deixar repousar a memória da antiga liberdade; de modo que a mais segura via é destruí-las ou habitá-las.

Cap. 6

De principatibus novis qui armis propriis et virtute acquirintur.

[Dos principados novos adquiridos com armas próprias e virtude.]

Não se maravilhe alguém se, falando de principados em tudo novos, de príncipes e de países, eu acrescente grandíssimos exemplos; porque, caminhando os homens quase sempre por vias abertas por outros, e procedendo em suas ações com imitações, nem se podendo em tudo seguir os caminhos dos outros, nem à virtude daqueles que imitas acrescentar algo, deve um homem prudente entrar sempre por vias abertas por grandes homens, e imitar aqueles que foram excelentíssimos, de modo que, se a sua virtude não alcançar a deles, ao menos ela lhe confere algum odor: e fazer como os arqueiros prudentes, que, parecendo-lhes muito distante o ponto que desejam atingir, e conhecendo bem o poder de seu arco, colocam a mira bem mais alta que o ponto destinado, não para atingirem com sua flecha tal altura, mas com a ajuda de tão alta mira, atingirem o seu objetivo. Digo, portanto, que nos principados de todo novos, onde haja um novo príncipe, se encontra mais ou menos dificuldades para mantê-los, conforme seja mais ou menos virtuoso aquele que os conquista. E porque esta eventualidade de tornar-se príncipe absoluto pressupõe ou virtude ou sorte, parece que uma ou outra destas duas coisas mitigue em parte muitas dificuldades: mesmo assim, aquele que depende menos da sorte se mantém mais. Torna-se ainda mais fácil ser o príncipe obrigado a, não tendo outros territórios, habitá-lo pessoalmente. Mas, para tratar daqueles que, pela própria virtude e não por sorte, tornaram-se príncipes, digo que os mais excelentes foram Moisés, Ciro, Rômulo, Teseu e afins. E embora não se deva especular sobre Moisés, tendo sido ele mero executor das coisas que Deus lhe ordenava, deve, porém, ser admirado tão só pela graça que o fazia digno de falar com Deus. Mas consideremos Ciro e os outros que conquistaram ou fundaram reinos: considerá-los-eis todos exemplares; e se se considerarem as ações e ordens relativas a eles, não parecerão discrepantes daquelas de Moisés, que teve tão grande preceptor. E examinando as ações e as vidas deles, não se vê que tenham recebido outra coisa da sorte além da oportunidade, a qual permitiu-lhes intervirem da forma que lhes convinha; e sem tal oportunidade a virtude deles seria gasta em vão. Era, portanto, necessário que Moisés encontrasse o povo de Israel, no Egito, escravo e oprimido pelos egípcios, de modo que eles, para fugirem da escravidão, se dispuseram a segui-lo. Convinha que Rômulo não ficasse em Alba, fosse exposto ao nascer, para que se tornasse rei e fundador de Roma. Era necessário que Ciro encontrasse os persas insatisfeitos com o império dos medos, e os medos, moles e afeminados pela longa paz. Não podia Teseu demonstrar a sua virtude se não encontrasse os atenienses dispersos. Estas conjunturas, portanto, fizeram estes homens felizes, e a excelente virtude deles fez essas conjunturas serem conhecidas; disso as pátrias deles foram enobrecidas e ficaram felicíssimas.

Aqueles que, por vias virtuosas, similares às deles, tornam-se príncipes, conquistam o principado com dificuldade, mas com facilidade o mantêm; e as dificuldades que encontram na conquista do principado em parte nascem das novas instituições e modos que são forçados a introduzir para fundar seu Estado e sua segurança. E deve-se considerar como não há coisa mais difícil a tratar, nem mais duvidosa de conseguir, nem mais perigosa para executar que tornar-se chefe e introduzir novas ordens. Porque o introdutor tem por inimigos todos aqueles a quem as velhas ordens beneficiavam, e por mornos defensores os que beneficiar-se-iam das novas. Tal mornidão nasce, parte pelo medo dos adversários, que têm as leis ao seu lado, parte da incredulidade dos homens, os quais não creem de verdade nas coisas novas se não virem delas nascer uma firme experiência. Disso resulta que aqueles que são inimigos, quando têm oportunidade para atacar, fazem-no fervorosamente, e os outros defendem mornos; de maneira que com ambos se corre risco. É necessário, portanto, querendo discutir bem esta parte, examinar se estes inovadores estão por si mesmos, ou se dependem de outros; de maneira que, se para conduzir a sua obra, se faz necessária a pregação ou se a podem fazer à força. No primeiro caso, acabam sempre mal e não concluem coisa alguma; mas, quando dependem apenas deles mesmos e podem usar a força, então raras vezes periclitam. O resultado é que todos os profetas armados vencem e os desarmados arruínam-se. Porque, além das coisas ditas, a natureza dos povos é volúvel; e é fácil persuadi-los de algo, mas é difícil mantê-los nessa persuasão. E por isso convém estar preparado de modo que, quando não crerem mais, se possa fazê-los crer pela força. Moisés, Ciro, Teseu e Rômulo não teriam conseguido que obedecessem suas ordenações por muito tempo se estivessem desarmados; como nos nossos tempos aconteceu a frei Girolamo Savonarola[5], que viu as suas leis novas desmoronarem, quando a multidão começou a não crer nele; e ele não tinha como manter firmes os que tinham crido, nem como fazer crer os descrentes. Por isso eles têm grande dificuldade em seu percurso e todos os perigos em seu caminho e convém que com a sua virtude os superem; mas, uma vez superados, tendo eliminados aqueles que de seu mérito tinham inveja, prosseguem poderosos, seguros, honrados, felizes.

---

[5] Nota do tradutor: Savonarola (1452-1498), frei dominicano que, após a queda dos Medici, seus inimigos, instituiu uma república democrática em Florença, em 1494. É célebre entre os historiadores o episódio da *fogueira das vaidades*, na qual instava os seus seguidores a queimarem em praça pública seus objetos de luxo, a fim de adotarem uma vida simples. O papa Alexandre VI o excomungou em 1495 e seus inimigos, entre os quais estavam os franciscanos, enforcaram-no e o queimaram como herege. Orador e poeta, escreveu: *Tratado Sobre o Regime e Governo da Cidade de Florença; Sobre a Simplicidade da Vida Cristã* e *Compêndio de Revelação*. Entre seus admiradores, estava Rafael Sanzio, que pintou o seu retrato e a cena de sua execução.

A tão altos exemplos eu quero acrescentar um exemplo menor, mas bem terá alguma proporção com eles: o de Hierão de Siracusa. Ele, de cidadão tornou-se príncipe de Siracusa, sem ter recebido da sorte na além da oportunidade, porque, estando os siracusanos oprimidos, elegeram-no como líder, e mereceu tornar-se seu príncipe. E teve tanta virtude, já antes de ser príncipe, que sobre ele escreveu-se: *quod nihil illi deerat ad regnandum praeter regnum* [para reinar nada lhe faltava exceto o reino]. Ele desfez o velho exército e criou outro; deixou os antigos aliados e conquistou outros; e, como teve alianças e soldados próprios, pôde com tal fundamento edificar todo o edifício: tanto que custou grande esforço para ser obtido, e pouca para ser mantido.

Cap. 7

De principatibus novis qui alienis armis et fortuna acquirintur.

[Dos principados novos conquistados com armas e fortuna alheias.]

Aqueles que, somente pela sorte, passam de cidadãos a príncipes com pouco esforço assim se tornam, mas com muito esforço assim se permanecem; e não têm qualquer dificuldade no caminho, porque voam; mas todas as dificuldades surgem quando pousam. E estes tais são aqueles a quem se concede um estado ou por dinheiro ou por graça de quem o concede: como aconteceu a muitos na Grécia, nas cidades da Jônia e no Helesponto, onde foram feitos príncipes por Dario, para que as mantivessem para sua segurança e glória; como também aqueles imperadores que, de cidadãos, por corrupção dos soldados, eram alçados ao Império. Estes dependem simplesmente da vontade e da fortuna de quem lhos concedeu, que são duas coisas volubilíssimas e instáveis; e não sabem nem podem manter tal posição: não sabem porque, senão é um homem de grande engenho e virtude, não é razoável que, sempre tendo vivido a vida privada, saiba comandar; não podem, porque não têm forças que lhes possam ser aliadas e fiéis. Depois, os estados que chegam subitamente, como todas as outras coisas da natureza que nascem ' e crescem rapidamente, não podem ter as raízes e as devidas ramificações, de modo que a primeira situação adversa as extingue; se já os tais, como foi dito, que tão de repente tornaram-se príncipes, não têm tanta virtude quanto aquele que lhes colocou a fortuna nas mãos, aprendam rápido como conservá-lo, e aqueles fundamentos que os outros fizeram antes de tornarem-se príncipes, façam depois.

Quero acrescentar a um e outro destes modos referidos, tornar-se príncipe por virtude ou por sorte, dois exemplos de nossa memória: e estes são Cesare Borgia[6] e Francesco Sforza[7]. Francesco, pelos devidos meios e

---

[6] Nota do tradutor: Cesar Borgia (1475-1507), filho do cardeal Rodrigo Borgia e sua amante Vannozza de Cattanei. Quando seu pai, em 1492, tornou-se o papa Alexandre VI, César, então bispo da cidade espanhola de Valência, foi por ele nomeado arcebispo e, no mesmo ano, cardeal. Suspeitam os historiadores que, para conquistar as graças de filho preferido, tenha ordenado a morte do seu irmão, Giovanni. Em 1498, renunciou ao cardinalato com o intuito de fazer um casamento politicamente vantajoso, o que se deu no ano seguinte, quando, já nomeado Duque de Valentinois e Dios por Luís XII, da França, desposou Carlota d'Albret, irmã de João d'Albret, rei de Navarra. Nomeado capitão-general da Igreja, empreende duas campanhas bélicas a fim de reconquistar para os Estados Pontifícios o território da Romanha, o que, já no final da primeira delas, lhe vale o título de Duque da Romanha. Após a morte de seu pai, vítima da malária, em 1503, seu sucessor, Pio III, confirma-lhe o posto de capitão-general da Igreja. Já o pontífice seguinte, Júlio II (ver nota 48) apesar de ter contado com o seu apoio para eleger-se, aprisiona-o e o confia aos reis da Espanha, Fernando de Aragão e Isabel de Castela, que o confinam na fortaleza de La Mota, de onde fugiu para Navarra, no intuito de se juntar a seu cunhado João d'Albret, em luta contra Fernando de Espanha. Tombou combatendo em Viana, no dia 12 de março de 1507. João d'Albret ordenou que o sepultassem na igreja de Santa Maria e em seu mausoléu o povo de Navarra escreveu depois: "Aqui jaz aquele que o mundo inteiro temeu". Muito se comenta sobre a paixão entre César e sua irmã Lucrécia, cujo marido, Alfonso Bisceglie, foi morto sob suas ordens. O cinema brasileiro produziu uma comédia sobre o tema, *Essa tal Lucrecia Bórgia*, com a irreverente

com uma grande virtude, de cidadão tornou-se Duque de Milão, e o que com mil trabalhos conquistou, com pouco esforço manteve. Da outra parte, Cesar Borgia, chamado pelo povo de Duque Valentino, conquistou o estado com a fortuna do pai, e com ela o perdeu, não obstante usasse todos os procedimentos e fizesse todas as coisas que devam ser feitas por um homem prudente e virtuoso para colocar suas raízes nos territórios que as armas e a fortuna de outrem lhe concederam. Porque, como acima se disse, quem não faz os alicerces antes pode com uma grande virtude fazê-los depois, ainda que se façam com risco para o arquiteto e perigo para o edifício. Se, portanto, forem considerados todos os progressos do Duque, se verá que ele fez grandes alicerces para o futuro poder, sobre os quais não julgo supérfluo falar porque eu não saberia quais conselhos dar a um príncipe novo que fossem melhores que o exemplo de suas ações; e se suas providencias não lhe valeram, não foi culpa sua, pois resultou de uma extraordinária e extrema malignidade da sorte.

Tinha Alexandre VI, desejando fazer grande o Duque seu filho, muitas dificuldades presentes e futuras. Primeiro, não via jeito de fazê-lo senhor de um país que não fosse um Estado da Igreja; e, querendo tirá-lo da Igreja, sabia que o Duque de Milão e os venezianos não o consentiriam, porque Faenza e Rimino estavam já sob a proteção dos venezianos. Via, além disso, as armas da Itália, e especialmente aquelas das quais se poderia servir, nas mãos daqueles que deviam temer a grandeza do papa, e por isso não podia confiar nelas, estando todas nas mãos dos Orsini, dos Colonnesi e de seus cúmplices. Era, portanto, necessário arruinar aqueles poderes, e desordenar seus territórios para poder assenhorear-se seguramente de parte deles. Isso foi fácil para ele, porque encontrou venezianos que, movidos

---

Dercy Gonçalves no papel principal. Na literatura, encontra-se sobre tais fatos o romance *Os Bórgia*, escrito pelo ítalo-americano Mario Puzo.
[7] Nota do tradutor: Francesco Sforza (1401 – 1466).

por outras razões, estavam dispostos a dar entrada aos franceses na Itália, o que não somente não obstaculizou como também tornou mais fácil com a anulação do casamento antigo do rei Luís. Entrou, portanto, o rei na Itália com a ajuda dos venezianos e o consenso de Alexandre; antes mesmo que chegasse a Milão, enviou-lhe o papa gente para a empreitada da Romanha, a qual lhe foi entregue pela reputação do rei. Tendo, portanto, o Duque conquistado a Romanha e combatido os Collonesi, desejando mantê-la e seguir adiante, duas coisas o impediam: uma, as suas armas que não lhe pareciam fiéis, outra, a vontade da França; de modo que as armas dos Orsini, das quais se valera, lhe faltavam agora, e não apenas o impediam de conquistar mas lhe tiravam o conquistado, e o rei não lhe era fiel. Dos Orsini teve uma resposta quando após a expugnação de Faenza, assaltou Bolonha, onde as viu frias nesse ataque; e quanto ao rei, descobriu sua disposição quando, tomando o ducado de Urbino, assaltou a Toscana: de tal empresa o rei o fez desistir. Foi quando o Duque decidiu não depender mais das armas e da fortuna alheias. E, como primeira medida, enfraqueceu os partidos dos Orsini e dos Collonesi em Roma, de modo que ganhou todos os que antes eram aliados deles, fazendo deles seus cortesãos e lhes dando grandes provisões, e honras, segundo suas qualidades, de conduta e de governo, de modo que, em poucos meses, as afeições deles para com seus partidos extinguiram-se e voltaram-se todas para o Duque. Depois disto, esperou a ocasião para eliminar os Orsini, tendo dispersos os da casa Collona – tal oportunidade logo chegou e ele a usou bem, pois, percebendo os Orsini, tardiamente, que a grande do Duque e da Igreja era a sua ruína, fizeram uma reunião em Magione, em Perúgia. Daí nasceram a rebelião de Urbino e os tumultos da Romanha e infinitos perigos para o Duque, que a todos superou com a ajuda dos franceses. E, recuperando sua reputação, não confiou mais na França nem em outras forças externas, para não desenganar-se quando fossem postas à prova; e soube dissimular tanto as suas intenções que os Orsini, por meio do senhor Paulo, se reconciliaram com ele – com [o senhor Paulo] o Duque não poupou esforços para conquistá-lo, dando-lhe dinheiro, vestes e cavalos –, de modo que a confiança [dos Orsini] os entregou nas mãos [do Duque] em Sinigallia. Eliminados, portanto, os seus líderes, e convertidos os partidários deles em aliados seus, tinha o duque então lançado bons alicerces à sua potência, tendo toda a Romanha com o ducado de Urbino, parecendo-lhe, sobretudo, ter como amiga toda a Romanha e conquistado todos aqueles povos, por ter começado a promover o bem-estar deles.

E, porque esta parte é digna de nota e de ser imitada por outros, não quero passar direto. Tendo o Duque tomado a Romanha, e achando-a comandada por senhores poderosos, os quais mais rapidamente tinham espoliado seus súditos que os corrigido, e lhes dado motivo para desunião ao invés de união, de modo que aquela província estava toda cheia de latrocínios, de brigas e de todas as causas de insolência, julgou ser necessário, querendo torna-la pacífica e obediente ao braço régio, dar-lhe um bom governo. Porém mandou para lá messer Remirro de Orco, homem cruel e precipitado, ao qual deu plenos poderes. Ele em pouco tempo a deixou pacífica e unida, com grandíssima reputação. Depois julgou o Duque não ser necessária tão excessiva autoridade, pois temia que se tornasse odiosa; e colocou um tribunal civil no meio da província, com um presidente excelentíssimo, onde cada cidade tinha seu advogado. E porque soubesse que a rigorosidade excessiva no passado tinha gerado algum ódio contra ele, para purgar os ânimos daqueles povos e agradá-los em tudo, quis mostrar que, se alguma crueldade sucedera, não nascera dele, mas da amarga natureza do ministro. E quando surgiu a oportunidade, o mostrou uma manhã em Cesena, na praça, em dois pedaços numa peça de madeira com um cutelo ensanguentado ao lado. A ferocidade daquele espetáculo deixou aqueles povos ao mesmo tempo satisfeitos e espantados.

Mas voltemos ao nosso ponto de partida. Digo que, encontrando-se o Duque bastante poderoso e em parte seguro quanto aos perigos presentes, por ter se armado ao seu modo e extinguido em boa parte aquelas armas que, vizinhas, podê-lo-iam ofender, lhe faltava, para continuar a conquista, o respeito do rei da França, porque sabia que o rei, que tarde percebeu seu erro, não o apoiaria. E começou por isso a buscar novas alianças e a negociar com a França, quando os franceses vieram ao reino de Nápoles contra os espanhóis que assediavam Gaeta. E seu desejoso era assegurar-se quanto a ele, o que teria conseguido logo, se Alexandre vivesse.

E estas foram suas ações quanto às coisas presentes. Mas, quanto às futuras, ele tinha a temer que um novo sucessor na Igreja não fosse amistoso para com ele e tentasse tirar dele o que Alexandre lhe havia dado: e pensou evitá-lo de quatro modos: primeiro, extinguindo toda a linhagem daqueles senhores que espoliara, para tirar qualquer motivo ao papa; segundo, de conquistar todos os cortesãos de Roma, como dito antes, para poder com eles frear o papa; terceiro, tornar o Colégio [de eleitores] o mais seu que pudesse; quarto, conquistar tanto poder, antes que o papa morresse, a fim de poder por si mesmo resistir ao primeiro ataque. Destas três coisas, antes que Alexandre morresse, conseguiu três; a quarta tinha quase completa, porque, dos senhores espoliados eliminou quantos pôde alcançar e pouquíssimos escaparam; conquistara os cortesãos e tinha grandíssima parte do Colégio; e quanto à nova conquista, tinha planejado tornar-se senhor da Toscana, e possuía já Perúgia e Piombino, e Pisa estava sob sua proteção. E, como não tivesse mais problemas com a França (pois não os teria mais, por terem os franceses sido já expulsos do Reino [de Nápoles] pelos espanhóis, de modo que todos tinham que buscar a amizade dele), avançou sobre Pisa. Depois disso, Lucca e Siena cederam rapidamente, parte por inveja dos florentinos, parte por medo; os florentinos não tinham remédio: o que aconteceria (e aconteceria no mesmo ano da morte de Alexandre) dar-lhe-ia tanta força e tanta reputação que, por si mesmo, se manteria firme, e não dependeria mais da fortuna e de forças alheias, mas só de seu poder e de sua virtude. Mas Alexandre morreu cinco anos depois de ele ter desembainhado a espada. Deixou-o apenas com o território da Romanha consolidado, com todos os outros em dúvida, entre dois exércitos fortíssimos, e mortalmente doente. E havia no Duque tanta ferocidade e tanta virtude e tão bem sabia como os homens se conquistam ou se perdem, e tanto eram válidos os fundamentos que em pouco tempo fizera, que, se não tivesse aqueles exércitos contra si, ou tivesse saúde, teria vencido todas as dificuldades. E que seus fundamentos fossem bons, se viu que a Romanha esperou por mais de um mês; em Roma, embora meio vivo, esteve seguro; e embora Ballioni, Vitelli e Orsini fossem a Roma, não agiram contra ele; embora não tenha conseguido tornar papa quem ele queria, ao menos impediu quem não queria. Mas, se quando Alexandre morreu, tivesse saúde, tudo lhes seria fácil. E ele me disse, no dia em que Júlio II foi eleito, que tinha pensado no que podia acontecer com a morte do pai, e para tudo encontrara um remédio, exceto para o que nunca pensara: na sua própria morte, estando também ele moribundo.

Tendo reunido, portanto, todas as ações do Duque, não saberia repreendê-lo; antes considero, como fiz, recomendá-lo como modelo para todos que, por sorte ou com armas alheias ascendem a um império. Porque ele, tendo um grande ânimo e altas intenções, não podia agir de outro modo; e somente se opuseram aos seus desígnios a brevidade da vida de Alexandre e a sua doença. Quem, portanto, julgar necessário no seu principado proteger-se de inimigos, conquistar aliados, vencer por força ou por fraude, fazer-se amado e temido pelos súditos, ser seguido e reverenciado pelos soldados, eliminar aqueles que te podem ou devem ofender, inovar com novo ordenamento as instituições antigas, ser severo e grato, magnânimo e liberal, extinguir o exército infiel, criar um novo, manter a amizade dos reis e dos príncipes de modo que te beneficiem com graça ou te ataquem com medo não encontrará exemplos mais recentes que as ações dele. Somente se pode criticá-lo quanto à eleição de Júlio II, na qual fez má escolha; porque, como eu disse, não podendo eleger um papa como queria, podia evitar que alguém fosse papa; e não podia nunca consentir no papado daqueles cardeais a quem ofendera ou que, tornando-se papas, tivessem motivo para temê-lo. Porque os homens ofendem ou por medo ou por ódio. Os que ele tinha ofendido eram, entre outros, San Piero ad Vincula, Colonna, San Giorgio, Ascanio; todos os outros, eleitos papas, iriam temê-lo, exceto Ruão e os espanhóis; estes por acordos e obrigações; aquele pelo poder, tendo junto consigo o reino da França. Portanto, o Duque, antes de tudo devia eleger um papa espanhol, e, não podendo, devia consentir que fosse Ruão e não Piero ad Vincula. E quem crê que nos grandes personagens os benefícios novos apagam as injúrias velhas se engana. Errou, portanto, o Duque nessa eleição, o que causou a sua última ruína.

Cap. 8
De his qui per scelera ad principatum pervenere.
[Daqueles que pelo crime chegam ao principado.]

Mas porque haja ainda dois modos para quem cidadão se torne príncipe, que não podem ser totalmente atribuídos à sorte ou à virtude, não quero deixar de falar deles, embora sobre um se possa mais facilmente discutir quando se trata de repúblicas. São eles: quando, por algum modo celerado e nefasto se chega ao principado, ou quando um cidadão comum com o favor dos seus concidadãos se torna príncipe da sua pátria. E, falando do primeiro meio, serão mostrados dois exemplos, um antigo e outro moderno, sem entrar entretanto nos méritos desta parte, porque julgo que basta, a quem disso precisar, imitá-los.

O siciliano Agátocles, não apenas de condição particular, mas ínfima e abjeta, tornou-se rei de Siracusa. Ele, nascido de um oleiro, teve sempre, conforme sua idade, vida celerada; mesmo assim, sua iniquidade foi acompanhada com tanto vigor de ânimo e de corpo, que, integrado na milícia, pela hierarquia desta tornou-se pretor de Siracusa. Constituído em tal posição, e tendo deliberado tornar-se príncipe e manter com violência e sem obrigações com outros o que lhe fora concedido por acordo, e após ter sobre seu desígnio uma diligência com o cartaginês Amílcar, que militava com o exército na Sicília, reuniu numa manhã o povo e o Senado de Siracusa, como se tivessem que deliberar coisas pertinentes à república; e com um aceno combinado, fez que seus soldados matassem os senadores e os mais ricos dentre o povo. Mortos estes, ocupou e manteve o principado daquela cidade sem nenhuma controvérsia civil. E, embora fosse vencido duas vezes pelos cartagineses e também sitiado, não apenas pôde defender a sua cidade, como também, deixando uma parte de sua gente defendendo-se do assédio, com a outra assaltou a África, e em breve tempo livrou Siracusa do assédio e colocou Cartago em extrema necessidade: e tiveram que fazer um acordo com ele, contentar-se com a posse da África e deixar Siracusa para Agátocles. Quem considerar portanto as ações e a virtude dele, nada verá, ou pouca coisa, que possa ser atribuída à sorte; pois, como acima se disse, não foi com os favores de alguém, mas pelos degraus da milícia, que galgou com mil esforços e perigos, chegou ao principado, e depois manteve-o com tantos adversários animosos e perigosos. Não se pode, porém, chamar virtude matar os cidadãos, trair os aliados, agir sem palavra, sem piedade, sem religião; tais meios podem conquistar um império, mas não a glória. Porque, se considerássemos a virtude de Agátocles em entrar e sair de perigos, e a grandeza de seu ânimo em suportar e superar as adversidades, não se vê por que considerá-lo inferior a qualquer outro líder. Mesmo assim, sua feroz crueldade e desumanidade, com infinitas iniquidades, não consentem que seja entre homens excelentíssimos celebrado. Não se pode, portanto, atribuir à fortuna ou à virtude o que sem uma e outra foi por ele conseguido.

Na nossa época, reinando Alexandre VI, Oliverotto Firmiano, tendo ficado órfão muito tempo antes, foi acolhido por um tio materno, Giovanni Fogliani, e, nos primeiros tempos de sua juventude, entregue a militar sob Paulo Vittelli, de modo que, habituado àquela disciplina, elevou-se a um excelente posto na milícia. Após a morte de Paulo, seguiu sob as ordens Vitellozzo, seu irmão; e em brevíssimo tempo, por ser engenhoso, tornou-se o primeiro homem de sua milícia. Mas, parecendo-lhe coisa servil estar com outros, planejou, com a ajuda de alguns cidadãos de Fermo aos quais era mais cara a servidão que a liberdade de sua pátria, e com o favor de Vitellozzo, ocupar Fermo. E escreveu a Giovanni Fogliani [dizendo] que, tendo estado muitos anos fora de casa, queria ver a ele e à sua cidade, e reconhecer o seu patrimônio: e porque não tinha se ocupado em mais nada que conseguir honra, de modo que seus cidadãos vissem que não tinha gasto seu tempo em vão, queria ir solenemente e acompanhado de cem cavalos dos seus amigos e servidores; e pedia-lhe que se contentasse em que fosse recebido solenemente pelos fermianos, o que não somente honrava a ele mas a si próprio, sendo seu sobrinho. Portanto, Giovanni não se omitiu em nenhuma homenagem devida ao sobrinho, e tendo feito com que fosse recebido solenemente pelos fermianos, alojou-o em sua casa, onde, passados alguns dias, e atento a ordenar o que era necessário à sua iniquidade, [Oliveretto] fez um convite soleníssimo, chamando Giovanni Fogliani e todas as lideranças de Fermo. E, consumidas as guloseimas e todas as outras distrações que em semelhantes convites se usam, Oliverotto, de propósito, fez certas declarações graves, falando da grandeza do papa Alexandre e do seu filho César e das realizações deles. Respondendo Giovanni e os outros a tais declarações, ele prontamente se ergueu, dizendo que aquelas coisas deviam ser ditas em um local mais reservado, e retirou-se para uma câmara, para onde Giovanni e os outros cidadãos o seguiram. Nem bem se sentaram, de lugares secretos saíram soldados, que mataram Giovanni e todos os outros. Depois desse massacre, Oliverotto montou a cavalo, correu a terra e assediou no palácio o supremo magistrado, de modo que por medo viram-se obrigados a obedecê-lo e formar um governo, do qual se fez príncipe. E, mortos todos aqueles que, descontentes, poderiam prejudicá-lo, apoiou-se em novas instituições civis e militares, de modo que, no espaço de um ano em que obteve o principado, ele não somente estava seguro em Fermo mas era temido por todos os seus vizinhos. E sua expugnação teria sido difícil como a de Agátocles, se não se tivesse deixado enganar por César Bórgia, quando em Sinigallia, como antes foi dito, junto aos Orsini e Vitelli, onde, capturado também ele, um ano depois de ter cometido o parricídio, foi, junto com Vitellozzo, que lhe ensinara as virtudes e a iniquidade, estrangulado.

Poderia alguém questionar qual a causa de Alcebíades ou alguém como ele, após infinitas traições e crueldades, pôde viver longo tempo seguro em sua pátria e defender-se de inimigos externos, sem que seus concidadãos nunca conspirassem contra ele, embora muitos outros, não puderam, mediante a crueldade, tanto nos tempos de paz quanto nos tempos duvidosos da guerra. Creio que isso resulte das crueldades mal usadas ou bem usadas. Bem usadas podem se chamar aquelas (se do mal for lícito dizer bem) que se faz numa ocasião, pela necessidade de assegurar-se, e depois não se insiste nisso mas são convertidas o mais possível em utilidade para os súditos. Mal usadas são aquelas que, ainda que a princípio sejam poucas, com o tempo crescem ao invés de se extinguirem. Aqueles que seguem o primeiro proceder podem com Deus e com os homens terem algum remédio para o seu reino, como teve Agátocles; os outros é impossível que se mantenham. Disso se deve notar que, ao tomar um território, o usurpador deve observar todas aquelas ofensas que precisa fazer; e fazê-las todas de uma vez, para não precisar renová-las todos os dias, e poder, não as inovando, dar segurança aos homens e ganhá-los beneficiando-os. Quem faz diferente, ou por timidez ou por mau conselho, precisa sempre ter o punhal à mão, nem pode jamais estar seguro quanto a seus súditos, nem podem eles pelas frescas e contínuas injúrias estarem seguros quanto a ele. Porque as injúrias devem ser feitas todas ao mesmo tempo, de modo que, sentindo menos o sabor, ofendam menos; e os benefícios devem ser feitos pouco a pouco, de modo que se saboreiem melhor. E, sobretudo, deve um príncipe viver com os seus súditos de modo que nenhum acidente, bom ou mal, o faça mudar, para que, vindo em tempos adversos a necessidade, não tenhas tempo para fazer o mal, e o bem que fizeres não te favoreça, porque julgá-lo-ão forçado, e não te trará galardão algum.

Cap. 9
De principatu civile.

[Do principado civil]

Mas tratando da outra parte, quando um cidadão comum, não por atos celerados ou outra intolerável violência, mas com os favores dos seus concidadãos se torna príncipe da sua pátria, à qual se pode chamar "principado civil" (nem é preciso para isso toda a virtude ou toda a sorte, porém mais que tudo uma astúcia afortunada), digo que se ascende a esse principado ou com o favor do povo ou com o favor dos grandes. Porque em todas as cidades se encontram essas duas vontades opostas; e nasce disso que o povo deseja não ser comandado nem oprimido pelos grandes, e os grandes desejam comandar e oprimir o povo; e desses dois apetites opostos nasce na cidade um desses três efeitos: ou o principado, ou a liberdade, ou a bagunça.

O principado é criado ou pelo povo ou pelos grandes, conforme uma ou outra parte tenha a oportunidade de fazê-lo: porque, vendo os grandes que não podem resistir ao povo, começam a dar reputação a um deles, e o fazem príncipe para poderem sob a sua sombra saciar seu apetite. Também o povo, vendo que não pode resistir aos grandes, dá reputação a alguém, e o faz príncipe para ser defendido pela sua autoridade. Aquele que chega ao principado com a ajuda dos grandes se mantém com mais dificuldade que aquele que chega com a ajuda do povo, porque se torna príncipe com muitos em torno que lhe parecem ser seus iguais, e por isso não os pode comandar nem manipular à sua maneira. Mas aquele que ascende ao principado com o favor popular ali se encontra só e tem ao redor ou ninguém ou pouquíssimos que não estejam prontos a obedecer. Além disso, não se pode satisfazer aos grandes honestamente e sem injuriar outros, mas ao povo sim, porque o povo é mais honesto que os grandes, querendo estes oprimirem e aquele não ser oprimido. Por isso, um príncipe inimigo do povo não pode assegurar-se, por serem muitos; dos grandes se pode assegurar, por serem poucos. O pior que pode acontecer a um príncipe inimigo do povo é ser abandonado por ele; mas, inimigo dos grandes, não apenas deve temer ser abandonado mas também que se vinguem contra ele; porque, tendo eles mais visão e mais astúcia, encontram sempre tempo para se salvarem e buscam proximidade com quem esperam que vença. É necessário ainda que o príncipe viva sempre com o povo; mas pode viver bem mesmo sem os grandes, podendo fazer e desfazer todos os dias, e tirar e dar, à sua vontade, reputação a eles.

E para esclarecer melhor essa parte, digo como os grandes devem ser considerados de duas maneiras, principalmente. Ou se governam de modo, conforme seu proceder, que se comprometem em tudo com a tua sorte, ou não. Aqueles que se comprometem e não são rapaces devem ser honrados e amados; os que não se comprometem devem ser classificados de dois modos: se fazem assim por pusilanimidade e defeito natural do ânimo; então te deves servir deles especialmente quando te derem bons conselhos, pois na prosperidade te honras, e na adversidade não os temerás. Mas, quando não se comprometem contigo de propósito e por ambição, é sinal de quem pensam mais neles que em ti; e desses deve o príncipe guardar-se e temê-los como se fossem inimigos declarados, porque sempre, na adversidade, ajudarão a arruinar-te.

Deve, portanto, quem se torna príncipe mediante o apoio popular mantê-lo como aliado, o que é fácil, pois não exige mais que não ser oprimido. Mas alguém que contra o povo se torne príncipe com o favor dos grandes deve antes de qualquer outra coisa conquistar o povo, o que será fácil quando tiver sua proteção. E porque os homens, quando recebem o bem de quem esperavam o mal, se comprometem ainda mais com o seu benfeitor, o povo rapidamente se torna mais benévolo do que seria se tivesse sido conduzido ao principado com seu apoio: e pode o príncipe ganhá-lo de vários modos, os quais, por variarem conforme a situação, não se pode estabelecer uma regra, e por isso deixaremos de lado. Concluirei somente que a um príncipe é necessário ter a amizade do povo; de outro modo não há, na adversidade, remédio.

Nabis, príncipe dos espartanos, susteve o assédio de toda a Grécia e de um exército romano virtuosíssimo, e defendeu contra eles a sua pátria e o seu governo: e lhe bastou apenas, diante do perigo, assegurar-se de poucos: pois se ele tivesse tido o povo como inimigo, não lhe bastaria. E não venha alguém contrariar esta minha opinião com aquele provérbio conhecido, "Quem se apoia no povo se apoia no barro", porque ele é verdadeiro quando um cidadão comum faz dele o seu alicerce e acredita que o povo o libertará quando for oprimido por inimigos ou magistrados. Neste caso, poderá frequentemente enganado, como os Gracos em Roma e Giorgio Scali em Florença. Mas, sendo um príncipe que se apoie nele, que possa comandar e seja um homem de coragem, não se intimide na adversidade, e não esqueça as outras preparações, e tenha com seu ânimo e suas leis animado a população, nunca se verá enganado por ela, e lhe parecerá ter feito nela bons alicerces.

Costumam esses principados periclitar quando saem totalmente da ordem civil, porque estes príncipes ou comandam por si mesmos ou pelos magistrados. No último caso, é mais frágil e mais perigoso estar só porque estão totalmente sob a vontade daqueles cidadãos que se tornaram magistrados, os quais, especialmente em tempos adversos, lhes podem tirar com grande facilidade o poder, ou fazendo oposição ou não obedecendo. E o príncipe não terá tempo, nos perigos, para tomar o poder absoluto, porque os cidadãos e súditos, habituados aos comandos dos magistrados, não serão rebeldes para seguir os seus, e terá sempre, nos tempos duvidosos, falta de alguém em quem confiar. Porque tal príncipe não pode apoiar-se no que vê nos tempos tranquilos, quando os cidadãos precisam do governo, porque então todo mundo corre, todo mundo promete, e todos querem morrer por ele, quando a morte está distante; mas nos tempos adversos, quando o governo precisa dos cidadãos, então encontra poucos. E essa experiência é tão perigosa que não se pode fazê-la mais de uma vez. E por isso um príncipe sábio deve pensar um modo pelo qual os seus cidadãos, sempre e em toda as situações, precisem do governo e dele e sempre lhe serão fiéis por isso.

Cap. 10
Quomodo omnium principatuum vires perpendi debeant.
[De que modo se devem medir as forças de todos os principados.]

Convém ter, ao examinar a qualidade desses principados, uma outra consideração: isto é, se um príncipe tem tanto poder a ponto de, por si mesmo, reger-se, ou se, na verdade, precisa sempre que outros o defendam. E, para esclarecer melhor esta parte, digo como eu julgo aqueles que podem reger-se por si mesmos, que podem, ou por abundância de homens, ou de dinheiro, convocar um exército forte e lutar contra qualquer um que venha assaltá-lo, e como julgo aqueles que têm sempre necessidade dos outros, que não podem comparecer contra o inimigo na campanha, mas precisam refugiar-se dentro das muralhas e protegê-las. Do primeiro caso, já foi falado; e no porvir diremos o que ocorre para isso. No segundo caso, não se pode dizer mais que além de exortar esses príncipes a fortificarem e munirem a terra própria, e não cuidar mais do país. E quem tiver bem fortificada a sua terra e lidar com os outros governos e com os súditos como já dissemos e adiante será dito será sempre com grande cautela porque os homens são sempre inimigos das empresas nas quais se vejam dificuldades, e não se pode ver facilidade em assaltar alguém que tenha sua terra fortificada e não seja odiado pelo povo.

As cidades da Alemanha são muito livres, têm pouco território e obedecem ao imperador quando querem e não temem nem esse nem aquele potente que têm em redor; porque são de tal modo fortificadas que qualquer um acha sua expugnação seria demorada e difícil. Porque todas têm fossos e muralhas convenientes; têm artilharia suficiente; têm sempre nos depósitos públicos água, alimentos e lenha para um ano; e, além disso, para que possam ter a plebe saciada sem perda para a comunidade, têm sempre nas comunas trabalho o ano todo naqueles serviços que são o nervo e a vida daquelas cidades e das indústrias das quais a plebe se sustenta. Também dão grande valor aos exercícios militares, e sobre isso têm muitos ordenamentos para mantê-los.

Um príncipe, portanto, que tenha uma cidade forte e não se faça odiar, não pode ser assaltado; e, porém, se houvesse quem o assaltasse, partirá de lá envergonhado, porque as coisas do mundo são tão mutáveis que é quase impossível que que alguém possa com seu exército ficar um ano ocioso assediando-o. E a quem respondesse: se o povo tiver posses fora [da cidade] e as vir em chamas, não terá paciência e o longo assédio e o amor próprio fará com que esqueça do príncipe; replico que um príncipe poderoso superará sempre todas essas dificuldades, dando ora esperanças aos súditos de que o mal não será longo, ora protegendo-se com destreza daqueles que pareçam muito ousados. Além disso, o inimigo, razoavelmente, queimará e arruinará o território ao chegar, quando os ânimos dos homens estão ainda quentes e dispostos à defesa; e por isso tanto menos o príncipe deve duvidar, porque, depois de alguns dias, quando os ânimos resfriarem, já estarão feitos os danos, recebidos os males, e não há mais remédio; e então tanto mais unir-se-ão ao seu príncipe, parecendo-lhes que ele tenha compromisso com eles, pois por sua causa foram queimadas as casas e arruinadas as propriedades. E a natureza dos homens é comprometer-se tanto pelos benefícios que são feitos como pelos que são recebidos. De modo que, se considerarmos bem tudo, não será difícil para um príncipe prudente manter antes e depois firmes os ânimos de seus cidadãos durante o assédio desde que não lhes faltem meios para viverem e se defenderem.

Cap. 11
De principatibus ecclesiasticis.
[Dos principados eclesisásticos.]

Resta-nos somente, agora, discorrer sobre os principados eclesiásticos: sobre os quais todas as dificuldades estão antes da conquista: pois se conquistam ou por sorte ou por virtude, e sem uma nem outra podem ser mantidos; porque são mantidos por antigos estatutos na religião, os quais são tão fortes e de tal qualidade que mantêm seus príncipes no poder, qualquer seja a forma como procedam e vivam. Eles somente têm Estados e não os defendem; súditos, e não os governam; e os Estados, mesmo indefesos, não lhes são tirados; e os súditos, por não serem governados, não se importam, não pensam e nem podem se livrar deles. Portanto, somente estes principados são seguros e felizes. Mas, sendo eles regidos pela razão superior, que a mente humana não alcança, não falarei dela; pois sendo exaltados e mantidos por Deus, seria ofício de um homem presunçoso e temerário discorrer a respeito. Mesmo assim, se alguém me perguntasse como a Igreja, no [plano] temporal, obteve tanta grandeza, sendo que, antes de Alexandre, os potentados italianos, e não somente os que se chamavam potentados, mas qualquer barão ou senhor, mesmo que insignificante, pouco a estimavam, e agora até um rei da França a teme, tendo ela conseguido expulsá-lo da Itália e arruinar os venezianos, essa questão, ainda que notável, não me parece supérfluo resumi-la em boa parte de memória.

Antes que Carlos, rei da França, entrasse na Itália[8], esta província era sob o império do papa, dos venezianos, do rei de Nápoles, do duque de Milão e dos florentinos. Estes potentados tinham duas preocupações

---

[8] Nota do tradutor: A entrada de Carlos VIII na Itália deu-se em 3 de setembro de 1494, motivada pelo desejo da França de conquistar o reino de Nápoles, cujo rei, Ferrante, era avô de Isabel de Castela, que buscava sempre estreitar as relações de seu reino com o Ducado de Milão, sob domínio espanhol. Os soberanos de Espanha tendiam, portanto, a apoiar Ferrante e ainda ofereciam a mão de Maria Enríquez, sobrinha do rei Fernando de Castela, a um filho do papa, Giovanni, caso o Vaticano aprovasse as pretensões espanholas sobre a recém-descoberta América. Após a morte de Ferrante, substituído por Alfonso, Carlos VIII invadiu a Itália e, tendo de passar pelos Estados Pontifícios até chegar ao seu destino, as forças da Igreja, obviamente aliada à Espanha, pelas razões já mencionadas, foram insuficientes para conter o exército francês, sendo este recebido festivamente em várias cidades cujos habitantes estavam desapontados com os dirigentes italianos, como em Florença, onde a classe dos mercadores tinha deposto a oligarquia Medici pelo fato de Piero de Medici ter entregado as fortalezas da república sem luta. Em 31 de dezembro, enquanto Roma era saqueada pelos invasores, o papa Alexandre VI e seu filho, César Bórgia fugiram por um túnel que ligava o Vaticano ao Castelo de Sant'Angelo. O Sumo Pontífice rendeu-se e, dizendo aceitar as exigências de Carlos VIII, entregou-lhe um refém que pretendia ser César, enquanto o verdadeiro Duque Valentino escapou disfarçado de pajem. Quando Carlos VIII finalmente chegou a Nápoles, quando Alfonso já tinha abdicado e deixado o trono ao seu filho Ferrantino, Alexandre VI já preparava uma aliança entre Veneza, Milão, Espanha, o Sacro Império e o papado contra o exército invasor, cuja disciplina foi corrompida pelas orgias e excessos que os franceses praticavam em Nápoles. Frente a esse quadro, começaram o caminho de volta, esperando obter do papa a aprovação de seu domínio sobre Nápoles, mas tiveram de enfrentar a Santa Liga nas proximidades de Fornovo, em 5 de julho de 1495, onde os italianos puderam recuperar muito do que lhes fora saqueado mas não deter a marcha vitoriosa de Carlos VIII de volta para a França. (Fonte: HANEY, John. *César Bórgia*. São Paulo: Nova Cultural, 1988. (Coleção *Os Grandes Líderes*))

principais: uma, que um forasteiro não entrasse com seu exército na Itália; a outra, que nenhum dos outros ocupasse mais territórios. Os que mais se preocupavam eram o papa e os venezianos. E para conter os venezianos, era necessária a união de todos os outros, tal como na defesa de Ferrara; e para rebaixarem o papa, se serviam dos barões de Roma, os quais, divididos em duas facções, Orsini[9] e Colonnesi[10], sempre havia uma briga entre eles, e, tendo as armas nas mãos e os olhos no pontífice, mantinham o pontificado débil e enfermo. E, embora aparecesse às vezes um papa animoso, como foi Sisto[11], nem sua fortuna nem seu saber jamais conseguiram livrá-lo desses incômodos. E a brevidade das suas vidas era motivo disso, porque nos dez anos, mais ou menos, da vida de um papa, com muito esforço conseguia um deles rebaixar uma dessas facções; e se, por exemplo, um tinha quase extinguido os Collonesi, surgia um outro, inimigo dos Orsini, que os fazia ressurgir [a família Colonna], e não tinha tempo de extinguir os mesmos Orsini. Isto fazia com que as forças temporais do papa fossem pouco estimadas na Itália. Surgiu então Alexandre VI que, de todos os pontífices que já existiram, mostrou quanto um papa, com o dinheiro e as forças, poderia prevalecer, e fez, por intermédio do Duque Valentino e com a oportunidade da invasão francesa,

---

[9] Nota do tradutor: Os papas Celestino III, Nicolau III e Bento XIII foram da família Orsini. O poeta Dante Alighieri os desprezava e, no Canto 19 do *Inferno*, acusa Nicolau III de ter praticado simonia (negociar coisas sagradas) e de ter usado os bens da Igreja para beneficiar sua família (nepotismo).

[10] Nota do tradutor: A família Colonna conseguiu eleger um papa: Martinho IV, que reinou de 1417 a 1431.

[11] Nota do tradutor: Sempre lembramos de Sisto IV por conta da Capela Sistina, que ele construiu, e que, por ordem de seu sobrinho, Júlio II, teve o teto decorado por Michelangelo. Maquiavel o declara sábio por ter ensinado Teologia em universidades italianas antes de ser papa. Ele também é lembrado por ter instituído a Inquisição na Espanha e por ter promulgado a bula *Aeterna Regis* (1481), que concedia a Portugal todas as terras descobertas ou por serem descobertas ao Sul das Ilhas Canárias.

todas aquelas coisas das quais já falei sobre as ações do Duque. E, embora sua intenção não fosse engrandecer a Igreja, mas o Duque, mesmo assim o que fez retornou para a grandeza da Igreja que, após a sua morte, eliminado o Duque, foi herdeira de seus esforços. Veio depois o papa Júlio e encontrou a Igreja grande, tendo toda a Romanha e sem os barões de Roma, e, pelas façanhas de Alexandre, anuladas aquelas facções; e encontrou ainda o caminho aberto para acumular dinheiro, como antes de Alexandre jamais fora feito.

Tais coisas Júlio não apenas seguiu, mas acrescentou; e decidiu conquistar Bolonha, vencer os venezianos e expulsar os franceses da Itália; e todas estas coisas conseguiu, e com tanto mais louvor quanto as fez para beneficiar a Igreja e não alguém particular. Manteve ainda os partidos Orsini e Collonesi como os encontrara; e embora entre eles houvesse dois chefes capazes de causar alterações, duas coisas os mantiveram quietos: uma, a grandeza da Igreja, que os desanimou; a outra, o não terem cardeais entre eles, que são a origem dos tumultos internos. Nunca estarão quietos estes partidos se tiverem cardeais, porque estes nutrem, em Roma e fora, os partidos, e os barões são forçados a se defendê-los; e assim da ambição dos prelados nascem as discórdias e os tumultos entre os barões. Encontrou, portanto, Sua Santidade o papa Leão, este pontificado potentíssimo, do qual se espera, se aqueles o fizeram grande com as armas, este, com a bondade e infinitas outras virtudes, o fará grandíssimo e venerável.

Cap. 12

Quot sint genera militiae et de mercenariis militibus.

[De quantas espécies são as milícias e dos soldados mercenários.[12]]

---

[12] Nota do tradutor: No Livro Segundo, cap. XX dos *Discursos Sobre A Primeira*

Tendo discursado particularmente sobre todas as qualidades daqueles principados dos quais no princípio propus discutir, e considerado em cada parte o bem e o mal de cada um, e mostrado as maneiras como muitos buscaram conquistá-los e mantê-los, me resta agora discorrer de forma geral dos ataques e defesas com os quais cada um deles pode contar. Nós dissemos anteriormente como é necessário a um príncipe ter bons fundamentos; de outra forma, arruinar-se-á. Os principais fundamentos que têm todos os Estados, tanto novos quanto antigos, são as boas leis e as boas armas. E porque não pode haver boas leis onde não haja boas armas e onde houver boas leis convém que haja boas armas, eu deixarei de lado a discussão das leis e falarei das armas.

Digo, portanto, que as armas com as quais um príncipe defende o seu Estado, ou são próprias ou mercenárias, ou auxiliares ou mistas. As mercenárias e as auxiliares são inúteis e perigosas; e, se alguém tem o seu Estado fundado sobre armas mercenárias, não estará nunca firme nem seguro; porque elas são desunidas, ambiciosas, sem disciplina, infiéis; galhardas entre os amigos; entre os inimigos, covardes; não têm temor a Deus, nem fidelidade para com os homens, e a ruína demora tanto quanto demora o ataque. A razão disso é que elas não têm outro amor nem outra motivação que as mantenham em campo além de um pouco de dinheiro, o que não é suficiente para fazer com que se disponham a morrer por ti. Aceitam bem serem teus soldados enquanto não fazes a guerra, mas, quando a guerra vem, ou fogem ou vão embora. Não terei muito trabalho para provar isso porque agora a ruína da Itália não foi causada por outra coisa além de ter ficado muito tempo   repousando sobre armas

---

Década de Tito Lívio, Maquiavel volta a discutir esse tema, defendendo novamente que cada Estado deve ter seu próprio exército.

mercenárias. Elas promoveram algum progresso para uns poucos e pareciam corajosas entre elas, mas, quando veio o estrangeiro, mostraram o que eram realmente. Assim Carlos, rei da França, conseguiu vencer a Itália com o giz; e quem dizia que elas eram os nossos pecados dizia a verdade; mas não eram então o pecado que se acreditava, mas esta que narrei, e como eram pecados de príncipes, eles também os pagaram.

Quero demonstrar melhor a desgraça dessas armas. Os capitães mercenários ou são homens excelentes ou não: se forem, não poderás confiar neles, porque sempre desejarão a própria grandeza, ou oprimindo a ti, que és o patrão, ou oprimindo outros fora de tua intenção; mas, se o capitão não for virtuoso, te arruína como de costume. E para quem responder que qualquer um que tiver as armas em mãos fará o mesmo, mercenário ou não, replicarei que as armas devem ser comandadas ou por um príncipe ou por uma república. O príncipe deve ir pessoalmente e fazer o papel do capitão; a república deve mandar seus cidadãos; e quando mandar um que não se revele um valente, deve mudá-lo; e, quando necessário, controlá-lo com leis que o mantenham na linha. E por experiência se veem príncipes autônomos e repúblicas armadas fazerem progressos grandíssimos, e as armas mercenárias não fazerem nada além de danos. E com mais dificuldade uma república com armas próprias é subjugada por um cidadão que uma com armas alheias.

Estiveram Roma e Esparta muitos séculos armadas e livres. Os suíços são armadíssimos e livríssimos. Das armas mercenárias na antiguidade, o exemplo são os cartagineses, os quais foram oprimidos por seus soldados mercenários, finda a primeira guerra contra os romanos, apesar de que os cartagineses tivessem como capitães seus principais cidadãos. Felipe da Macedônia[13] foi feito pelos tebanos, após a morte de

---

[13] Nota do tradutor: Felipe da Macedônia (382 a 336 a. C.)

Epaminondas[14], capitão daquela gente, e tirou-lhes, depois da vitória, a liberdade. Os milaneses, depois da morte do Duque Filippo, contrataram Francesco Sforza contra os venezianos, os quais, superados os inimigos em Caravaggio, juntou-se a eles para oprimir seus patrões milaneses. Sforza, seu pai, tendo sido soldado da rainha Giovanna de Nápoles, a deixou uma vez desarmada; então ela, para não perder o reino, foi obrigada a sentar no colo do rei de Aragão. E, se venezianos e florentinos puderam aumentar seu império com essas armas, e seus capitães não se fizeram príncipes deles, mas os defenderam, respondo que os florentinos nesse caso foram favorecidos pela sorte; porque os capitães virtuosos, que eles podiam temer, alguns não venceram, alguns sofreram oposição, outros voltaram suas ambições para outros lugares. O que não venceu foi Giovanni Aucut, que, não vencendo, não era possível conhecer sua lealdade; mas todos admitirão que, vencendo, estariam os florentinos em suas mãos. Sforza sempre teve os Bracceschi contra si, e vigiavam-se mutuamente. Francesco voltou sua ambição para a Lombardia; Braccio contra a Igreja e o reino de Nápoles. Mas vamos ao que aconteceu pouco tempo atrás. Os florentinos fizeram Paulo Vitelli seu capitão, homem prudentíssimo, e que com sua fortuna privada fez grande reputação. Se ele expugnasse Pisa, ninguém nega que conviria aos florentinos estar com ele; porque, caso se tornasse soldado de seus inimigos, não teriam remédio; e se o tivessem [consigo], teriam de obedecê-lo. Quanto aos venezianos, se considerarmos seus progressos, se verá que eles seguramente e gloriosamente operaram enquanto fizeram a guerra por meios próprios; que foi antes que voltassem suas empreitadas para a terra, quando com os nobres e com a plebe armada agiram virtuosamente; mas, quando começaram a combater em terra, deixaram tal virtude, e seguiram os costumes das guerras italianas. E no

---

[14] Nota do tradutor: Epaminondas (418 a 362 a. C.)

princípio do seu crescimento em terra, por não terem muito território e por terem muita reputação, não tinham muito a temer dos seus capitães, mas, quando ampliaram [seu território], sob o Carmignola, tiveram noção de seu erro. Porque, vendo-o virtuosíssimo, tendo vencido sob seu comando o Duque de Milão, e vendo da outra parte que ele arrefecia na guerra, julgaram que com ele não podiam mais vencer, porque ele não queria, nem podiam demiti-lo, para não perderem o que haviam conquistado, se viram na necessidade, por segurança, de eliminá-lo. Tiveram depois como seu capitão Bartolomeo da Bergamo, Ruberto da San Severino, o Conde de Pitigliano, e similares; com eles tinham a temer a perda e não a vitória deles, como aconteceu depois em Vailà, onde, em um dia, perderam o que em oitocentos anos, com tanto esforço, tinham conquistado. Porque destas armas nascem apenas as lentas, tardias e débeis conquistas, e as súbitas e espetaculares perdas. E, porque cheguei, com estes exemplos, à Itália, a qual tem sido governada por muitos anos por armas mercenárias, quero falar delas, bem por alto, de modo que, vendo as origens e os progressos destas, possam ser melhor corrigidas.

É preciso, portanto, que entendais como, tendo o Império começado a ser repelido na Itália, e, tendo o papa, no [plano] temporal, obtido mais influência, a Itália se divide em mais Estados, porque muitas das grandes cidades pegaram em armas contra os seus nobres, os quais, antes favorecidos pelo imperador, as oprimiam; e a Igreja as favorecia para conseguir influência no [plano] temporal; de muitas outras seus próprios cidadãos se tornaram príncipes. De modo que, tendo ficado a Itália quase toda nas mãos da Igreja e de algumas repúblicas, e não estando acostumados aqueles padres e aqueles cidadãos a lidar com as armas, começaram a pagar forasteiros. O primeiro a dar reputação a essa milícia foi Alberigo da Conio, da Romanha. A sua escola gerou, entre outros,

Braccio e Sforza, que em sua época foram árbitros da Itália. Depois destes, vieram todos os outros que, até nossa época, têm governado essas armas. E o resultado da sua virtude é que a Itália foi invadida por Carlos[15], saqueada por Luís[16], violentada por Fernando[17] e vilipendiada pelos suíços. Os objetivos deles foram, primeiramente, promoverem-se a si próprios, desprestigiando as infantarias. Fizeram-no porque, sem um Estado e com a sua profissão, os poucos infantes não lhes dariam reputação e se tivessem muitos não poderiam mantê-los, e, por isso, contentaram-se com a cavalaria, pois, com um número suportável, eram mantidos e honrados. E as coisas se reduziram a um tal termo que, num exército de vinte mil homens, não se encontravam dois mil infantes. Além disso, faziam de tudo para se livrarem da fadiga e dos perigos, não se matando nos combates, mas entregando-se sem resgate. Não atacavam as cidades à noite; não faziam em torno do acampamento nem paliçada nem fosso; não combatiam no inverno. E todas estas coisas eram permitidas em suas ordens militares, com a desculpa que queriam, como se diz, evitar a fadiga e os perigos, de modo que deixaram a Itália escrava e vituperada.

Cap. 13

De militibus auxiliaris, mixtis et propriis.

[Dos soldados auxiliares, mistos e próprios.]

---

[15] Nota do tradutor: Conferir nota 8 no capítulo 11.

[16] Nota do tradutor: No período entre 1499 e 1501, Luís XII da França aliou-se com a República de Veneza e com César Bórgia, filho do papa Alexandre VI, para conquistar Milão, derrotando Ludovico Sforza. O tratado de Trento de 1501 reconheceu o seu domínio sobre Gênova e Milão.

[17] Nota do tradutor: Em 1501, Fernando II de Aragão, marido de Isabel I de Castela, conquistou Nápoles, para tirá-la da influência do trono francês.

As armas auxiliares, que são outras armas inúteis, é como chamamos quando alguém poderoso vem com suas armas te auxiliar e defender, como fez há pouco tempo o papa Júlio que, tendo visto na empreitada de Ferrara a triste prova de suas armas mercenárias, voltou-se para as auxiliares, e aceitou que Fernando, rei da Espanha, o ajudasse com a sua gente. Essas armas podem ser boas por si mesmas, mas são, para quem as chama, quase sempre danosas, porque, perdendo, fica derrotado, e, vencendo, fica prisioneiro delas. E embora desses exemplos estejam cheias as histórias da Antiguidade, mesmo assim não quero abrir mão desse exemplo fresquinho do papa Júlio, cuja decisão de entregar-se totalmente nas mãos de um forasteiro para conquistar Ferrara não pode deixar de ser considerada. Mas a sua boa sorte fez nascer uma terceira coisa de modo que não colhesse o fruto de sua má escolha, pois, sendo os seus auxiliares derrotados em Ravenna, e surgindo os suíços que expulsaram os vencedores, fora de qualquer expectativa dele e dos outros, acabou não sendo prisioneiros dos inimigos, que fugiram, nem dos seus auxiliares, tendo vencido com armas que não eram suas. Os florentinos, estando completamente desarmados, conduziram dez mil franceses a Pisa para expugná-la: tal decisão fez com que corressem mais perigos que em qualquer outro tempo turbulento. O imperador de Constantinopla, para se opor aos seus vizinhos, colocou na Grécia dez mil turcos que, finda a guerra, não quiseram partir, o que deu início à dominação da Grécia pelos infiéis.

Aquele, portanto, que não quiser vencer, procure tais armas, porque são muito mais perigosas que as mercenárias, pois com estas a ruína é certa: são todas unidas, todas voltadas à obediência a outrem; mas as mercenárias, para ofender-te, uma vez vitoriosas, precisam de mais tempo e de uma grande oportunidade, não sendo todas um corpo e sendo reunidas e pagas por ti; nestas, um terceiro a quem faças chefe não pode conseguir subitamente tanta autoridade a ponto de ameaçar-te. Em resumo: nas mercenárias, o maior perigo é a covardia; nas auxiliares, a virtude.

Portanto, um príncipe sábio sempre as evita e volta-se para as próprias e prefere perder com as suas que vencer com as de outrem, não julgando verdadeira a vitória que com armas alheias se conquista. Não deixarei nunca de citar César Bórgia e as suas ações. Tal Duque entrou na Romanha com as armas auxiliares, conduzindo tropas francesas, e com elas tomou Ímola e Furlí, mas não lhe parecendo tais armas seguras, voltou-se para as mercenárias, julgando-as menos perigosas e pagou os Orsini e os Vitelli. Depois, considerando-os dúbios, infiéis e perigosos, dispensou-os e voltou-se para as próprias. E pode-se facilmente ver que diferença há entre uma e outra dessas armas, considerando que diferença houve na reputação da Duque, quando tinha somente os franceses e quando tinha os Orsini e os Vitelli, e como cresceu quando ficou com seus soldados e por conta própria; nunca foi bastante estimado, senão quando todos viram que ele era o único senhor de suas armas.

Eu não queria deixar os exemplos italianos e recentes; também não quero deixar para trás Jerônimo de Siracusa, sendo um dos que já citei. Ele, como já disse, feito pelo povo de Siracusa chefe dos exércitos, entendeu logo que a milícia mercenária não era útil, por ter comandantes tais como os nossos italianos; e, parecendo-lhe que não poderia mantê-los nem despedi-los, cortou-os todos em pedaços; e depois fez a guerra com as armas que tinha e não com as alheias. Quero ainda acrescentar uma figura do Velho Testamento que vem a propósito. Oferecendo-se Davi a Saul para combater Golias, provocador filisteu, Saul, para animá-lo, armou-o com sua armadura, a qual, quando Davi provou, recusou, dizendo que com ela não poderia valer-se de si mesmo, e por isso queria encontrar o inimigo com a sua funda e a sua faca.

Enfim, as armas alheias ou te ficam largas, ou te pesam ou te sufocam. Carlos VII, pai do rei Luís XI, tendo, com a sua sorte e a sua virtude, libertado a França dos ingleses, entendeu a necessidade de armar-se com um exército próprio e ordenou no seu reino a ordenação de gente de armas e da infantaria. Depois seu filho Luís dispensou a infantaria, e começou a pagar suíços; tal erro, seguido de outros, se vê agora de fato, pôs em perigo aquele reino. Porque, tendo dado reputação aos suíços, rebaixou todas as suas armas, porque a infantaria foi desfeita e a gente d'armas foi submetida às armas alheias, pois sendo forçada a militar com os suíços, pareceu-lhes que não poderiam vencer sem eles. O resultado é que os franceses contra os suíços não bastam e, sem os suíços, contra outros, não vencem. Portanto, os exércitos da França têm sido mistos, parte mercenários e parte próprios; todas essas armas juntas são muito melhores que simplesmente as auxiliares ou somente as mercenárias, e muito inferiores às próprias. E que baste o exemplo dado, pois o reino da França seria insuperável se a instituição de Carlos tivesse sido aumentada ou preservada. Mas a pouca prudência dos homens inicia uma coisa que, por saberem então que é boa, não se dá conta do veneno sob elas, como eu disse antes sobre as febres tísicas[18].

Portanto, aquele que, num principado, não conhece os males quando nascem não é verdadeiramente sábio, e isto é dado a poucos. E, se considerarmos a primeira ruína do Império Romano, se verá que se deu por terem começado a pagar soldo aos godos, porque desde então começaram a debilitar as forças do Império Romano, e toda aquela virtude que se tirava dele era dada a eles. Concluo, portanto, que, sem ter armas próprias,

---

[18] Nota do tradutor: ver capítulo 3.

nenhum príncipe está seguro; antes, todos estão nas mãos da sorte, não havendo virtude que os defenda na adversidade. E foi sempre opinião e sentença dos homens sábios, *quod nihil sit tam infirmum aut instabile quam fama potentiae non sua vi nixa* ["nada há tão incerto e instável quanto a fama do poder que não se firma na própria força"]. E as armas próprias são aquelas que são compostas ou por súditos ou por cidadãos ou por servos teus; todas as outras são mercenárias ou auxiliares. E a maneira de instituir as armas próprias será fácil de encontrar, se forem analisados os ordenamentos de quatro a quem já citei, e se verá como Felipe, pai de Alexandre Magno, e como muitas repúblicas e príncipes se armaram e organizaram: a tais ordenamentos me refiro inteiramente.

Cap. 14

Quod principem deceat circa militiam.

[O que cabe a um príncipe quanto às suas tropas.]

Deve portanto um príncipe não ter outro objetivo nem outro pensamento, nem dedicar-se a qualquer outra arte, além da guerra e da ordem e da disciplina desta, pois esta é a única arte que se espera de quem comanda. E é de tanta virtude que não somente mantém aqueles que nasceram príncipes mas muitas vezes elevam a tal posição cidadãos comuns e, ao contrário, se vê que, quando os príncipes pensaram mas nas delicadezas que nas armas, perderam o seu Estado. E a primeira razão que te faz perde-lo é negligenciar esta arte; e a razão que te faz conquistar é professar esta arte.

Francesco Sforza, por estar armado, de cidadão tornou-se Duque de Milão; os filhos, por fugirem aos incômodos das armas, de duques tornaram-se cidadãos. Porque, entre as outras razões advindas do mal de estares desarmado, isto te faz desprezível, a qual é uma das infâmias das quais um príncipe se deve guardar, como adiante se dirá. Porque não há comparação entre alguém armado e alguém desarmado e não é razoável que alguém armado obedeça voluntariamente a quem está desarmado, e que o desarmado esteja seguro entre os servos armados. Porque, havendo desprezo num e suspeita noutro, não é possível que juntos ajam bem. E por isso um príncipe que não entenda de exércitos, além de outras infelicidades, como já disse, não pode ser estimado pelos seus soldados nem confiar neles.

Deve, portanto, jamais afastar o pensamento do exercício da guerra, e deve exercitar-se mais na paz que na guerra, o que pode fazer de dois modos: um com as obras, outro com a mente. E, quanto às obras, além de ter bem ordenados e exercitados os seus, deve sempre participar de caçadas, e mediante elas habituar o corpo a desconfortos, como também aprender a natureza dos sítios, e conhecer como surgem os montes, e entender a natureza dos rios e dos pântanos, e nisto por muitíssima atenção. Tal conhecimento é útil de duas maneiras. Primeira, faz com que conheça o seu país e pode melhor entender as suas defesas; depois, mediante o conhecimento e a prática desses sítios, com facilidade compreenderá qualquer outro sítio que de repente precisar especular a respeito, porque os morros, os vales, as planícies, os rios, os pântanos que há, por exemplo, na Toscana, têm, com aqueles de outras províncias, certa semelhança, de modo que do conhecimento do relevo de uma província se pode facilmente chegar ao conhecimento das outras. E ao príncipe a quem essa perícia falta lhe falta a primeira coisa que um capitão deve ter porque disto depende encontrar o inimigo, pilhar os alojamentos, conduzir os exércitos, ordenar as batalhas, avançar sobre as terras com vantagem.

Filopêmenes, príncipe dos aqueus, entre outros louvores que os historiadores lhe dão, nos tempos de paz se não nos procedimentos da guerra e, quando estava nos campos com os amigos, frequentemente parava e raciocinava com eles: – Se os inimigos estivessem sobre aquele monte e nos encontrássemos aqui com nosso exército, quem teria vantagem? Como iríamos, ordenadamente, enfrentá-los? Se quiséssemos bater em retirada, como faríamos? Se eles se retirassem, como os perseguiríamos? – E lhes propunha, andando, todas as situações que podiam ocorrer a um exército; ouvia as suas opiniões, dizia-lhes a sua, argumentava com os motivos, de modo que, por essas contínuas cogitações, era impossível que, guiando o exército, surgisse um incidente para o qual não tivesse o remédio.

Mas, quanto ao exercício da mente, deve o príncipe ler os relatos e neles considerar as ações dos homens excelentes, ver como se governaram nas guerras, examinar as razões de suas vitórias e derrotas, para evitar estas e imitar aquelas; e sobretudo fazer como fizeram antes todos os homens excelentes, que foi imitarem aqueles que antes deles foi louvado e glorificado, como se diz que Alexandre Magno amava Aquiles; César, Alexandre; Cipião, Ciro. E quem lê a vida de Ciro escrita por Xenofonte, reconhece portanto na vida de Cipião quanto essa imitação lhe foi gloriosa, e quanto, na castidade, afabilidade, humanidade, liberalidade Cipião fosse conforme com o que Xenofonte escreveu sobre Ciro. Semelhantes procedimentos devem ser observados por um príncipe sábio e nunca deve estar ocioso nos tempos pacíficos, mas com indústria fazer um cabedal do qual se possa valer nas adversidades, de modo que, quando a sorte mudar, o encontro pronto para resistir.

Cap. 15

De his rebus quibus homines et praesertim príncipes laudantur aut
vituperantur.

[Das coisas pelas quais os homens e, especialmente os príncipes,
são louvados ou criticados.]

Resta agora ver como devem ser as maneiras e regras de um
príncipe para com os súditos e os amigos. E, por saber que muitos
escreveram sobre isso, duvido, escrevendo agora eu, que não me
considerem presunçoso, afastando-me, para disputar sobre tal matéria, do
que os outros disseram. Mas, sendo minha intenção escrever algo útil a
quem o entender, me pareceu mais conveniente ir direto à verdade efetiva
da coisa, ao invés de fantasiar. E muitos imaginaram repúblicas e
principados que nunca vistos e que nunca existiram de verdade, porque há
tanta distância entre como se vive e como se deveria viver que aquele que
troca o que se faz pelo que se deveria fazer prepara sua ruína ao invés de
sua preservação porque um homem que quiser fazer em todos os lugares
profissão de bondade forçosamente arruinar-se-á entre tantos que não são
bons. Daí ser necessário que um príncipe, querendo manter-se, aprenda a
não ser bom, e fazê-lo e não fazê-lo segundo a necessidade.

Deixando portanto para trás coisas sobre um príncipe imaginário e
discorrendo sobre as que são verdadeiras, digo que todos os homens,
quando deles se fala, e principalmente um príncipe, por estarem em
evidência, são notados por algumas qualidades que lhes proporcionam
vitupérios ou louvores. E acontece que um é considerado liberal – outro,
misero (usando um termo toscano, porque *avaro* em nossa língua é
também aquela que deseja obter por rapina, misero nós chamamos quem se
abstém de gastar demais o que é seu); um é considerado pródigo – outro,
voraz; um cruel – outro piedoso; um, desleal – outro, fiel; um, afeminado e

pusilânime – outro, feroz e animoso; um, humano – outro, soberbo; um, lascivo – outro, casto; um, íntegro – outro, astuto; um, difícil – outro, fácil; um, grave – outro, frívolo; um, religioso – o outro, incrédulo, e por aí vai. E eu sei que todo mundo confessará que seria algo louvabilíssimo que um príncipe escolhesse dentre as qualidades acima as consideradas boas, mas porque elas não se pode tê-las nem observá-las totalmente, porque as condições humanas não o consentem, é necessário que seja tão prudente que saiba evitar a infâmia daquelas que lhe tirariam o Estado e manter aquelas que lhe poderiam guardá-lo; mas, não podendo, pode-se seguir em frente com menos respeito. E também não se importe em incorrer na infâmia dos vícios sem os quais dificilmente poderia salvar seu reino porque, se considerarmos tudo, encontrar-se-á alguma coisa que parecerá virtude, e, seguindo-a, será a ruína; e alguma outra que parecerá vício, e seguindo-a chega-se à segurança e ao bem-estar.

Cap. 16

De liberalitate et parsimonia.
[Da liberalidade e da parcimônia.]

Começando, portanto, pela primeira das qualidades citadas, digo como seria bom ser considerado liberal, mesmo assim, a liberalidade, usada de modo que te dê fama, te será prejudicial, porque, se for usada virtuosamente e como se deve não será reconhecida e não te livrará da fama contrária. E, por isso, desejando-se manter entre os homens a fama de liberal, é necessário não abandonar alguns traços de suntuosidade de modo que um príncipe assim acostumado consumirá toda a sua riqueza; e precisará no fim, se quiser manter o nome de liberal, taxar o povo extraordinariamente e fiscalizá-lo, e fazer todas aquelas coisas que se podem fazer para obter dinheiro. O que começará a torná-lo odiado pelos súditos e pouco estimado por todos, tornando-se pobre, de modo que, tendo ofendido muitos e beneficiado a poucos com essa liberalidade, sente o primeiro incômodo e estremece no primeiro perigo; sabendo disso e querendo voltar atrás, rapidamente sofre a infâmia de miserável.

Um príncipe, portanto, não podendo usar o elogio de liberal sem dano próprio, sendo por isso conhecido, deve, se for prudente, não se importar com o nome de avarento porque, com o tempo, será conhecido como cada vez mais liberal, vendo-se que, com sua parcimônia, basta-se, pode defender-se de quem lhe faz guerra e pode fazer conquistas sem explorar o povo, de modo que pode usar de liberalidade com todos aqueles a quem não tira, que são infinitos, e de avareza com aqueles a quem não dá, que são poucos. Nos nossos tempos não temos visto fazerem grandes coisas a não ser aqueles considerados avaros; os outros se extinguem. O papa Júlio II, que serviu-se da fama de liberal para chegar ao papado, não pensou em mantê-lo para ir à guerra. O atual rei da França fez muitas guerras sem acrescentar um imposto extraordinário aos seus, somente porque submeteu as despesas supérfluas à sua grande parcimônia. O atual rei da Espanha, se fosse considerado liberal, não teria feito nem vencido tantas campanhas.

Portanto, um príncipe deve gastar pouco, para não ter de roubar os súditos, para poder defender-se, para não tornar-se pobre e desprezível, por não ser forçado a se tornar voraz, para não incorrer na fama de avaro, porque este é um dos vícios que o fazem reinar. E se alguém disser: "César, com liberalidade, alcançou o Império, e muitos outros, por terem sido e serem considerados liberais, chegaram a graus altíssimos", responderei: No caso de ser príncipe de fato ou no caso de estar em vias de o ser, no primeiro caso a liberalidade é danosa; no segundo, é bem necessário ser chamado de liberal. E César era um dos que desejavam alcançar o principado de Roma, mas se, depois de tê-lo conseguido, tivesse sobrevivido, e não tivesse moderado aquelas despesas, teria destruído aquele Império. E, se alguém replicasse: "Muitos foram príncipes e fizeram grandes coisas com o exército, sendo considerados liberalíssimos", responderia: Ou o príncipe gasta do seu ou dos outros; no primeiro caso, deve ser frugal; no outro, não deve abrir mão da liberalidade. E aquele príncipe que segue com o exército, que se farta de despojos, de saques e de butins, maneja o alheio, precisa dessa liberalidade; caso contrário, não seria seguido pelos soldados. E aquilo que não é teu nem dos teus súditos podes doar largamente, como fizeram Ciro, César e Alexandre, porque gastar o que é dos outros não te tira reputação, mas te acrescenta; somente gastar o teu te prejudica. E não há outra coisa que consuma a si mesma como a liberalidade, pois quanto mais a usas mas perdes a capacidade de usá-la e te tornas ou pobre e desprezível ou voraz e odioso. E de todas as coisas das quais um príncipe se deve guardar está tornar-se desprezível e odioso e a liberalidade te conduz a uma e outra coisa. Portanto, é melhor ter fama de avaro, o que gera uma infâmia sem ódio, que, por desejar o nome de liberal, precisar incorrer na fama de voraz, que gera uma infâmia com ódio.

Cap. 17

De crudelitate e pietate; et na sit melius amari quam timeri, vel e
contra.
[Da crueldade e piedade e se é melhor ser amado que temido ou
melhor ser temido que amado.]

Dando continuidade às qualidade já mencionadas, digo que cada príncipe deve desejar ser considerado piedoso e não cruel; mesmo assim, devo advertir para que não se use mal a piedade. César Bórgia era considerado cruel; no entanto, essa crueldade tinha conquistado a Romanha, a tinha unido, a tinha conduzido à paz e à lealdade. O que, se for bem considerado, se verá que foi muito mais piedoso que o povo florentino, que, para evitar a fama de cruel, permitiu a destruição de Pistoia. Deve, portanto, um príncipe não se importar com a fama de cruel a fim de manter seus súditos unidos e fiéis, pois, com pouquíssimos exemplos, será mais piedoso que aqueles que, por excesso de piedade, deixam prosseguir as desordens, das quais nascerão mortes e roubos, porque estes costumam ofender uma comunidade inteira e as execuções por parte do príncipe ofendem um particular. E, entre todos os príncipes, o príncipe novo não pode evitar a fama de cruel por serem os Estados novos cheios de perigos. E Virgílio, pela boca de Dido, diz:

Res dura, et regni novitas me talia cogunt
Moliri, et late fines custode tueri[19].

Deve, porém, ser cauteloso no crer e no mover-se, não deve temer a si próprio, e deve proceder de modo temperado com prudência e humanidade, para que a excessiva confiança não o torne descuidado e a excessiva desconfiança não o torne intolerável.

Nasce disso uma disputa: se é melhor ser amado ou temido, ou o contrário. Responde-se que se gostaria de ser um e outro, mas como é difícil conciliar ambos, é muito mais seguro ser temido que amado, quando se deve abrir mão de um dos dois. Porque dos homens em geral se pude dizer isso: que são ingratos, volúveis, simulados e dissimulados, fugitivos

---

[19] Nota do tradutor: "Dura coisa e novo reino obrigam-me a ser dura e a fazer fortes as fronteiras."

do perigo, perseguidores de ganhos e, enquanto lhes fazes o bem, são todos teus amigos, oferecendo-te o sangue, bens, vida e filhos, como antes disse, quando está longe o perigo; mas, quando se aproxima, dão as costas. E o príncipe que confia totalmente nas palavras deles, achando-se nu de outros preparativos, se arruína, porque as amizades que se conquistam com dinheiro, e não com a grandeza e nobreza de alma, se merecem mas não se as tem e na urgência não se pode valer-se delas. E os homens evitam menos ofender alguém que se faz amar que alguém que se faz temer porque o amor é considerado um vínculo de obrigação que, por serem os homens vis, por qualquer conveniência se desfaz; mas o temor é considerado um pavor das consequências que nunca passa. Deve, porém, o príncipe fazer-se temer de modo que, se não conquistar o amor, evitará o ódio, porque é bem possível ser temido e não ser odiado, o que fará sempre que se abstiver dos bens de seus cidadãos e súditos e de suas mulheres, e quando precisar agir contra a vida de alguém, faça-o quando houver justificativa conveniente e causa manifesta, mas, sobretudo, abstenha-se dos bens dos outros porque os homens perdoam mais rapidamente a morte do pai que a perda do patrimônio. Depois, as razões de tirar-lhes os bens não se acabam nunca e sempre aquele que começa a viver da rapina encontra razões de tomar o que é dos outros e, pelo contrário, contra a vida são raros os motivos e se acabam logo.

Mas, quando o príncipe está com os exércitos e governa multidões de soldados, então é totalmente necessário não se importar com a fama de cruel, pois, sem essa fama, não se tem nunca exército unido nem disposto a alguma empreitada. Entre as admiráveis ações de Aníbal se conta que, tendo um exército grandíssimo, misto de diferentes gerações de homens, levados a lutar em terras alheias, não lhe surgisse nunca nenhuma dissensão, nem entre eles nem contra o príncipe, nem na boa nem na má sorte. Isso não pode resultar de outra coisa que da sua inumana crueldade, que, junto com sua infinita virtude, o fez sempre na presença de seus soldados venerando e terrível; e, sem ela, suas outras virtudes não bastariam para produzir tal efeito. E os escritores pouco considerados, de uma parte admiram sua ação; da outra, maldizem a principal razão dela. E para comprovar que as suas outras virtudes não bastariam, se pode considerar Cipião, raríssimo não somente na sua época, mas em todas as memórias conhecidas, cujos exércitos se rebelaram na Espanha. O que não nasce de outra coisa senão de sua excessiva piedade, que deu a seus soldados mais liberdade do que convinha à disciplina militar. Tal coisa lhe foi reprovada por Fábio Máximo no Senado, chamando de corruptor do exército romano. Os locrenses, tendo sido derrotados por um legado de Cipião, não foram por ele vingados, nem a insolência daquele legado corrigida, nascendo isso da sua natureza amável; de modo que, querendo um dos senadores acusá-lo, disse que um dos muitos homens que sabiam melhor evitar um erro que corrigi-lo. Tal natureza teria com o tempo maculado a fama e a glória de Cipião, se ele tivesse perseverado com ela no Império; mas, vivendo sob o governo no Senado, essa qualidade danosa não somente foi eclipsada, mas foi sua glória.

Concluo, portanto, voltando ao ser temido e amado, que, amando os homens no lugar deles e temendo no lugar do príncipe, deve um príncipe sábio fundar-se no que é seu, não no que é de outros: deve somente esforçar-se para evitar o ódio, como eu disse.

Cap. 18

Quomodo fides a principibus et servanda.

[Como deve um príncipe manter a palavra.]

O quanto é louvável um príncipe manter a palavra e viver com integridade e não com astúcia todos entendem, mesmo assim se vê, pela experiência dos nossos tempos, os príncipes que fizeram grandes coisas fazendo pouco caso da palavra, e souberam com astúcia fazer girar a cabeça dos homens e, no fim, superaram os que se basearam na lealdade.

Deveis, portanto, saber que há duas formas de combate: uma com as leis, outra com a força – o primeiro é próprio dos homens; o segundo, dos animais, mas porque o primeiro às vezes não basta, convém recorrer ao segundo. Portanto, é preciso que um príncipe saiba usar a besta e o homem. Esta parte tem sido ensinada aos príncipes implicitamente pelos autores antigos, os quais contam como Aquiles, e muitos outros daqueles príncipes antigos, foram entregues aos cuidados do centauro Quíron, que sob a sua disciplina os educou. Ter como preceptor alguém meio animal e meio homem não quer dizer outra coisa senão que é necessário a um príncipe usar uma e outra natureza e uma sem a outra não é durável.

Tendo, portanto, um príncipe a necessidade de usar bem o animal, deve imitar a raposa e o leão, porque o leão não se defende dos laços e a raposa não se defende dos lobos. É preciso, portanto, ser raposa para conhecer os laços e leão para atemorizar os lobos. Aqueles que se comportam simplesmente como o leão não se entendem. Não pode, portanto, um senhor prudente – e nem deve – observar a palavra dada quanto tal observância se volta contra si e são extintas as razões que o fizeram prometer. E, se os homens fossem todos bons, este preceito não seria bom, mas porque são vis, e não a observarão para contigo, tu também não tens de observá-la para com eles. E jamais faltaram a um príncipe razões legítimas que camuflassem a inobservância. Disto poder-se-ia dar infinitos exemplos modernos e mostrar quantas pazes, quantas promessas tornaram-se odiosas e vãs pela infidelidade dos príncipes, e aquele que soube melhor imitar a raposa, melhor liderou. Mas essa natureza precisa ser bem camuflada, e ser um bom simulador e dissimulador: e são tão simples os homens, e obedecem tanto às necessidades presentes, que aquele que engana encontrará sempre quem se deixe enganar.

Dos exemplos frescos, não quero me calar sobre um. Alexandre VI nunca fez outra coisa, não pensou em mais nada, além de enganar as pessoas: e sempre encontrou como fazê-lo. E nunca houve um homem com maior eficácia em asseverar, e com mais juramentos afirmar algo, que o observasse menos; mesmo assim, os enganos sempre ocorriam como ele queria, porque conhecia bem esta parte dos homens.

A um príncipe, portanto, não é necessário ter de fato todas as qualidades mencionadas, mas é muito necessário parecer tê-las. Aliás, me atreverei a dizer que, tendo-as e observando-as sempre, são danosas, e parecendo tê-las, são úteis, como parecer piedoso, fiel, humano, íntegro, religioso e ser, mas é preciso estar edificado no ânimo para que, precisando não o ser, tu possas e saibas mudar para o contrário. E é preciso entender que um príncipe, especialmente um príncipe novo, não pode observar todas aquelas coisas pelas quais os homens são considerados bons, sendo frequentemente necessário, para manter o poder, agir contra a fé, contra a caridade, contra a humanidade, contra a religião. E por isso é necessário que ele tenha um ânimo disposto a voltar-se conforme os ventos e as variações da sorte lhe ordenam e, como disse antes, não se afastar do bem, podendo, mas entrar no mal, quando necessário.

Deve, portanto, um príncipe ter muito cuidado para que não lhe saia da boca algo que não seja pleno das supracitadas qualidades, e dê a impressão, ao vê-lo e ao ouvi-lo, todo piedade, todo fé, todo integridade, todo religião. E não há nada de mais necessária aparência que esta última qualidade. E os homens em geral julgam mais com os olhos que com as mãos, porque todos veem, mas poucos tocam. Todos veem o que tu pareces, poucos sentem o que tu és e esses poucos não se atrevem a se oporem à opinião de muitos que têm a majestade do Estado que os defenda; e, nas ações dos homens, e principalmente dos príncipes, onde não há juízo para o qual reclamar, o que se vê é o resultado. Cuide, portanto, um príncipe em vencer e manter o Estado: os meios serão sempre julgados honrosos e louvados por todos, porque o vulgo se deixa levar pelas aparências e pelo resultado da coisa; e, no mundo, não há senão o vulgo e as minorias só têm lugar nele quando têm onde se apoiarem. Certo príncipe de nossa época, que é bom não nomear, não fala senão em paz e fé, e é grande inimigo de uma e de outra; e uma e outra, se as tivesse apoiado, ter-lhe-iam tirado ou a reputação ou o poder.

Cap. 19
De contemptu et odio fuggiendo.
[De como se pode evitar ser desprezado ou odiado.]

Mas porque, das cinco qualidades antes mencionadas, eu falei das mais importantes, sobre as outras discorrerei de forma breve e geral, para que o príncipe busque, como antes falei, evitar aquelas coisas que o fazem odioso e desprezível; e todas as vezes que as evitar, terá feito a sua parte, e não encontrará perigo algum das outras infâmias. Ser odioso o faz, sobretudo, como eu disse, o ser voraz e usurpador da riqueza e das mulheres dos súditos: disso deve abster-se; e sempre que ao conjunto dos homens não se tira a riqueza nem a honra, vivem contentes, e só há conflitos com a ambição de poucos, os quais de diversos modos e com facilidade se freia. Ser desprezível o faz ser volúvel, leviano, afeminado, pusilânime, irresoluto: disso um príncipe deve evitar como um escolho, e esforçar-se para que em suas ações se reconheçam grandeza, animosidade, gravidade, força, e, sobre o trato privado com os súditos, fazer com que sua sentença seja irrevogável e se mantenha em tal decisão para que ninguém pense em enganá-lo ou manipulá-lo.

O príncipe que dá de si essa opinião é muito respeitado; e contra quem é respeitado dificilmente se conspira, dificilmente é atacado, porque se entende que é excelente e reverenciado pelos seus. Porque um príncipe deve ter dois temores: um de dentro, seus súditos; outro de fora, as potências externas. Destas se defende com boas armas e bons aliados; e sempre, se tiver boas armas, terá bons aliados; e sempre estarão firmes as coisas de dentro quando estiverem firmes as de fora, se já não estiverem perturbadas por uma conjura; porém, quando as coisas de fora se movem, se ele estiver se organizado e vivido como tenho dito, quando não se descuida, sempre suplantará qualquer ímpeto, como eu disse que fez o espartano Nabis[20]. Mas, sobre os súditos, quando as coisas de fora não se movem, deve-se temer que conjurem secretamente: disso o príncipe se assegura não sendo odiado nem desprezado, e mantendo o povo satisfeito com ele, o que é necessário conseguir, como antes eu disse longamente. E um dos mais potentes remédios que um príncipe tem contra as conjuras é não ser odiado pelo coletivo, porque sempre quem conjura crê com a morte do príncipe satisfazer ao povo, mas, quando crê ofendê-lo, não encontra ânimo para tomar tal atitude, porque as dificuldades que os conjurados encontrarão serão infinitas. E por experiência se vê que muitas foram as conjuras e poucas tiveram um bom final. [21]Porque quem conjura não pode estar só, nem pode ter por companhia senão daqueles que creia insatisfeitos, e tão logo a um descontente revelas teu descontentamento, lhe

---

[20] Nota do tradutor: Cap. 9.
[21] Nota do tradutor: No livro terceiro dos *Discursos Sobre A Primeira Década de Tito Lívio*, Maquiavel dedicou o capítulo VI inteiro ao tema das conjuras.

dás motivo para contentar-se, porque denunciando-te pode ter alguma recompensa: de modo que, vendo o ganho certo da outra parte, e de outra parte vendo dúvida e perigo, convém que seja um raro amigo ou que seja realmente um obstinado inimigo do príncipe para continuar fiel a ti. E, para resumir a coisa em breves termos, digo que, da parte dos conjurados, não há senão medo, inveja, suspeita de punição que os enfraquece; mas, da parte do príncipe, há a majestade do principado, as leis, as defesas dos aliados e do Estado que o protegem; de modo que, acrescentando a essas três coisas a benevolência do povo, é impossível que alguém seja tão temerário que conjure. Porque o que um conspirador tem a temer ordinariamente antes da execução do mal, neste caso temerá também depois, tendo o povo por inimigo, não podendo, após o excesso, esperar refúgio algum.

Desta matéria poderíamos dar infinitos exemplos, mas quero me contentar com apenas um, encontrado na memória de nossos pais. Messer Anibale Bentivogli, avô do atual messer Anibale, que era príncipe em Bolonha, morto pelos Canneschi, que contra ele conspiraram, não restando dele senão messer Giovanni, que era criança, logo depois de tal homicídio o povo se levantou e eliminou todos os Canneschi. Isso foi resultado da benevolência popular da qual gozava a casa Canneschi naqueles tempos, que era tanta que, não restando dela alguém em Bolonha que pudesse, morto Anibale, reger o Estado, e havendo indício de quem em Florença havia um filho dos Bentivogli considerado, até então, filho de um operário, vieram os bolonhenses a Florença em busca dele e lhe deram o governo da cidade, a qual foi governada por ele até que messer Giovanni chegasse a uma idade em que pudesse governar.

Concluo, portanto, que um príncipe deve dar pouca importância às conjuras quando o povo é benévolo para com ele; mas, quando lhe for inimigo e lhe tiver ódio, deve temer tudo e todos. E os Estados bem ordenados e os príncipes sábios com toda a diligência pensaram em como não devem desprestigiar os grandes e em satisfazer o povo e mantê-lo contente, porque esta é uma das mais importantes questões para um príncipe.

Entre os reinos bem ordenados e bem governados nos nossos tempos está o da França, e nele encontram-se infinitas constituições boas, das quais dependem a liberdade e a segurança do rei, das quais a primeira é o parlamento e a sua autoridade. Porque quem ordenou esse reino, conhecendo a ambição dos poderosos e sua insolência, e julgando ser-lhes necessário um freio na boca que os corrigisse e, de outra parte, conhecendo o ódio popular contra os grandes fundado sobre o medo, e querendo assegurar-se, não quis que fosse uma preocupação particular do rei, tirando-lhe a carga que poderia ter com os grandes favorecendo os populares e com os populares favorecendo os grandes; e, por isso, constituiu um terceiro juiz, que fosse aquele que, sem compromisso com o rei, batesse os grandes e favorecesse os menores. Não poderia ser essa instituição melhor nem mais prudente, nem maior razão para a segurança do rei e do reino. Disso se pode extrair outra coisa notável: que os príncipes devem transferir a outros os fardos, e as graças a si mesmos. De novo concluo que um príncipe deve estimar os grandes mas não se fazer odiar pelo povo.

Pareceria talvez a muitos, tendo em vista a vida e a morte de algum imperador romano, que haja exemplos contrários à minha opinião, encontrando algum que tenha vivido egregiamente e mostrado grande virtude de ânimo, apesar de ter perdido o império ou mesmo sido morto pelos seus, que contra ele conjuraram. Desejando portanto responder a essas objeções, discorrerei sobre as qualidades de alguns imperadores, mostrando as razões de sua ruína, não diversas daquelas às quais me referi, e em parte colocarei em consideração aquelas coisas que são notáveis a quem lê as ações daqueles tempos. E quero que me baste tomar os exemplos de todos os imperadores que sucederam no Império ao filósofo Marco [Aurélio] até Maximino, os quais foram: Marco, Cômodo, seu filho; Pertinaz, Juliano, Severo, Antonino Caracala, seu filho; Macrino, Heliogábalo, Alexandre e Maximino. E primeiro devemos notar que, quando nos outros principados se tinha apenas que enfrentar a ambição dos grandes e a insolência do povo, os imperadores romanos tinham uma terceira dificuldade: terem de suportar a crueldade e a avareza dos soldados. Isso era tão difícil que foi a razão da ruína de muitos, sendo difícil satisfazer aos soldados e ao povo, porque o povo amava a paz, por isso amavam os príncipes modestos, e os soldados amavam o príncipe de ânimo guerreiro, e que fosse insolente, cruel e vorazes. Queriam que ele praticasse contra o povo tais coisas, para que tivesse duplicado o estipêndio e satisfizessem sua avareza e crueldade. Tais coisas fizeram com que os imperadores que, por natureza ou por arte, não tinham uma grande reputação, de modo que com ela mantivessem o freio em ambos os lados, sempre se arruinassem; e a maioria deles, especialmente aqueles novatos que chegavam ao principado, conhecendo a dificuldades desses dois humores opostos, se pusessem a satisfazer os soldados, estimando pouco agradar ao povo. Tal partido era necessário, porque, não podendo os príncipes deixar de serem odiados por alguém, devem primeiro se esforçar para não serem odiados pelo universal; e, quando não conseguem isto, se devem esforçar para não serem odiados por aqueles que são mais poderosos. E por isso os imperadores que, por serem novos, tinham necessidade de favores extraordinários aderiam aos soldados mais que ao povo, o que os tornava, mesmo assim, úteis ou não, conforme aquele príncipe soubesse manter a reputação para com eles. Destas razões mencionadas resulta que Marco, Pertinaz e Alexandre, sendo todos de modesta vida, amantes da justiça, inimigos da crueldade, humanos e benignos, tiveram todos, de Marco em diante, triste fim. Marco só viveu e morreu honradíssimo porque chegou ao império por direito hereditário e não tinha que ser reconhecido nem pelos soldados nem pelo povo; depois, sendo acompanhado por muitas virtudes que o faziam venerável, manteve sempre enquanto viveu um e outro grupo nos seus lugares, e nunca foi odiado nem desprezado. Mas Pertinaz tornou-se imperador contra a vontade dos soldados, os quais, acostumados a viverem licenciosamente sob Cômodo, não podiam suportar aquela vida honesta à qual Pertinaz queria reduzi-los; daí, tendo-se criado o ódio, e a este ódio juntando-se o desprezo por ser ele velho, arruinou-se logo no princípio de sua administração.

E aqui se deve notar que o ódio é atraído tantos pelas boas obras quanto pelas ruins e, por isso, como eu disse antes, um príncipe, querendo manter o poder, é frequentemente forçado a não ser bom; porque, quando aquele grupo que julgas necessário para te manteres é corrupto, te convém seguir a sua vontade para satisfazê-lo, e então as boas obras te são inimigas. Mas vamos a Alexandre, o qual teve tanta bondade que, entre os outros louvores que lhes são atribuídos, está que, nos catorze anos em que teve o império, não foi morto por ele nenhum injustiçado; mesmo assim, sendo considerado afeminado e homem que se deixasse governar pela mãe, e por isto desprezado, contra ele conspirou o exército e o eliminou.

Dissertando agora, ao contrário, sobre as qualidades de Cômodo, de Severo, Antonino Caracalla e Massimino, os considerareis crudelíssimos e vorazes; os quais, para satisfazer aos soldados, não deixaram de cometer contra o povo nenhum tipo de injúria, e todos, exceto

Severo, tiveram fins tristes. Porque em Severo houve tanta virtude, que, mantendo-se amigos dos soldados, ainda que o povo fosse por ele ofendido, pôde sempre reinar tranquilamente; porque sua virtude o fazia no conceito dos soldados e do povo tão admirável, que este permanecia sempre atônito e impressionado, e os outros reverentes e satisfeitos. E porque as suas ações foram grandes em um príncipe novo, quero mostrar brevemente como soube usar as características da raposa e do leão, cujas naturezas eu digo que um príncipe precisa imitar. Conhecendo Severo a preguiça do imperador Juliano, persuadiu o exército, do qual era capitão em Stiavona, que estava na hora de ir a Roma vingar a morte de Pertinaz, o qual fora morto pelos pretorianos; e sob esse pretexto, sem mostrar que aspirasse ao Império, moveu o exército contra Roma, e chegou na Itália antes que se soubesse de sua partida. Chegado a Roma, foi pelo Senado, por medo, eleito imperador e Juliano foi morto. Restavam, depois deste princípio, a Severo duas dificuldades para assenhorear-se de todo o Estado: uma na Ásia, onde Nigro, chefe dos exércitos asiáticos, se fizera nomear imperador; e a outra no Poente, onde estava Albino, que também aspirava ao Império. A este escreveu que, tendo sido eleito imperador pelo Senado, queria dividir aquela dignidade com ele, e mandava-lhe o título de César e, por deliberação do Senado, o admitia como colega: Albino considerou tais coisas verdadeiras. Mas, depois que Severo venceu e matou Nigro, e aplacados os assuntos orientais, tornado a Roma, disputou-se no Senado como Albino, pouco reconhecendo os benefícios dele recebidos, tinha dolosamente tentado matá-lo, e por isto ele necessitava punir sua ingratidão. Depois foi encontrá-lo na Gália, onde tirou-lhe o governo e a vida.

Portanto, quem examinar suas ações, considerá-lo-á um ferocíssimo leão e uma astutíssima raposa e o verá temido e reverenciado por todos, e não odiado pelo exército; e não se maravilhará de que ele, homem novo, tenha podido manter tanto império: porque a sua grandíssima reputação o defendeu sempre daquele ódio que o povo teria podido conceber por suas rapinas. E Antonino, seu filho, foi também ele homem que tinha proceder excelentíssimo e que o fazia admirável no conceito do povo e grato aos soldados; porque era homem militar, capaz de suportar qualquer fadiga, desprezando qualquer alimento delicado e qualquer outra mordomia: isto o fazia ser amado por todo o exército. Mesmo assim a sua ferocidade e crueldade foram tantas e tão inauditas, por ter, após inúmeras mortes particulares, matado grande parte do povo de Roma, e todo o povo de Alexandria, que se tornou odiosíssimo em todo o mundo; e começou a ser temido até por aqueles que tinha junto de si, de modo que foi assassinado por um centurião no meio seu exército. É para se notar que mortes assim, as quais se dão por deliberação de um ânimo obstinado, são inevitáveis aos príncipes, porque qualquer um que não se preocupe em morrer pode agredi-lo; mas o príncipe deve pouco temê-las, porque são raríssimas. Deve apenas guardar-se de não fazer grave injúria a alguém de quem se serve, e que lhe está próximo no serviço do principado, como fez Antonino, que matara injuriosamente um irmão do tal centurião, e o ameaçava diariamente; porém o mantinha como guarda pessoal, decisão temerária e ruinosa, como foi.

Mas vamos a Cômodo, que tinha grande facilidade em manter o Império, por tê-lo por direito hereditário, sendo filho de Marco; e só lhe bastava seguir as pegadas do pai, e aos soldados e ao povo teria satisfeito; mas, sendo de ânimo cruel e bestial, para poder usar sua voracidade contra o povo, quis divertir os exércitos e fazê-los licenciosos; por outra parte, não mantendo sua dignidade, descendo frequentemente à arena para combater com os gladiadores, e fazendo outras coisas mais que vis e pouco dignas da majestade imperial, tornou-se desprezível no conceito dos soldados. E sendo odiado por uma parte e desprezado por outra, conspiraram contra ele e foi morto[22].

Resta-nos a narrar as qualidades de Massimino. Foi um homem belicoso e, estando os exércitos enfastiados da moleza de Alexandre, do qual falei anteriormente, morto ele, elegeram-no para o Império. Não o possui por muito tempo, porque duas coisas o fizeram odioso e desprezível: uma, ser vilíssimo por ter já guardado ovelhas na Trácia (o que era por todos sabido e o rebaixava muito no conceito geral); a outra, porque, tendo, ao entrar em seu principado, postergado ir a Roma e tomar posse da cadeira imperial, tinha dado de si a impressão de ser crudelíssimo, tendo seus prefeitos, em Roma e vários lugares do Império, exercido em seu nome muitas crueldades. De modo que, movido todo o mundo pelo desprezo pela vileza de seu sangue e pelo ódio e medo da sua crueldade, se rebelou primeiro a África, depois o Senado com todo o povo de Roma, e toda a Itália conspirou contra ele. À qual juntou-se o seu próprio exército que, assediando Aquilea e achando difícil a expugnação, enfastiado da sua crueldade, e por ver tantos inimigos temendo-o pouco, eliminou-o.

Eu não quero discorrer nem sobre Heliogábalo, nem sobre Macrino, nem sobre Juliano[23], os quais, por serem totalmente desprezíveis, se extinguiram subitamente; mas irei à conclusão deste discurso. E digo que os príncipes dos nossos tempos têm menos essa dificuldade de

---

[22]Nota do tradutor: Dois filmes fantasiaram sobre a conspiração contra Cômodo: "A Queda do Império Romano", de 1964 e "Gladiador", de 2001.

[23] Nota do tradutor: Recomendo a leitura do romance *Juliano*, de Gore Vidal, em que vários narradores discutem os feitos desse imperador. As cartas trocadas entre eles são acrescidas de comentários como os textos compartilhados nas redes sociais – vale lembrar que esse romance foi publicado em 1964, quando não havia ainda a Internet. Juliano ficou conhecido como "o apóstata" pois rejeitava o cristianismo, que Constantino tornara religião oficial do Império, em favor dos antigos cultos politeístas.

satisfazer extraordinariamente os soldados em seus governos; porque, não obstante seja necessário ter para com eles alguma consideração, também se resolve isso rápido, por nenhum desses príncipes terem juntos exércitos vinculados aos governos e administrações das províncias, como eram os exércitos do Império romano. E por isso, se então era preciso satisfazer mais aos soldados que ao povo, era porque os soldados podiam mais que o povo; agora é necessário a todos os príncipes, exceto ao Turco e ao Sultão, satisfazer mais ao povo que aos soldados, porque o povo pode mais que eles. Excetuo o Turco, tendo ele sempre em torno de si doze mil infantes e quinze mil cavalos, dos quais depende a segurança e a fortaleza de seu reino, e é necessário que, acima de qualquer outro respeito, tal soberano mantenha-se amigo deles. Igualmente o reino do Sultão estando totalmente nas mãos dos soldados, convém que também ele, sem preocupar-se com o povo, se mantenha amigo deles. E deveis notar que o Estado do Sultão é diferente de todos os outros principados, porque se parece com o pontificado cristão, ao qual não se pode chamar nem principado hereditário nem principado novo, porque não são os filhos do príncipe anterior que o herdam e se tornam senhores, mas aquele que é eleito para o posto por aqueles que têm a autoridade. E sendo essa ordem antiga, não se pode chamar de principado novo, porque nele não há algumas daquelas dificuldades que há nos principados novos; porque, embora o príncipe seja novo, as ordens daquele Estado são velhas e ordenadas para recebê-lo como se fosse seu senhor hereditário[24].

---

[24] Nota do tradutor: Creio que a criação desse sultanato seja narrada nessa página de nosso maior africanista, Alberto da Costa e Silva: "Em 1249, Malik Saleh, o último soberano aiubida, morria em Mansurá. Os mamelucos, que, poucos meses depois, venceriam São Luís da França e seus cruzados naquela mesma cidade, resolvem desembaraçar-se dos amos e assumir o poder. Passam a selecionar entre os seus um sultão vitalício, cujos filhos, contudo, não herdavam o trono." (SILVA, Alberto da Costa e. *A Enxada e a Lança – A África antes dos*

Mas tornemos à nossa matéria. Digo que quem considerar o discurso acima verá ou o ódio ou o desprezo ter sido razão da ruína dos imperadores mencionados, e conhecerá também de onde nasce que, parte deles procedendo de uma maneira e outra ao contrário, de qualquer modo, um deles teve um final feliz e os outros infelizes finais. Porque a Pertinaz e a Alexandre, por serem príncipes novos, foi inútil e danoso quererem imitar Marco, que esteve no principado por direito hereditário; e igualmente a Caracalla, Cômodo e Massimino foi pernicioso imitarem Severo, por não terem tanta virtude que bastasse para seguir os passos dele. Portanto, um príncipe novo em um principado novo não pode imitar as ações de Marco, e também não precisa seguir as de Severo; mas deve tomar de Severo aquelas partes que para fundar seu principado são necessárias, e de Marco aquelas que são convenientes para conservar um Estado que já esteja estabelecido e firme.

Cap. 20

An arces et multa alia quae cotidie a principibus fiunt utilia an inutiliza sint.

[Se as fortalezas e muitas outras coisas que os príncipes fazem todos os dias são úteis ou não.[25]]

Alguns príncipes, para manterem seguramente o Estado, desarmaram os seus súditos; alguns outros dividiram as terras dominadas; alguns outros nutriram inimizades intestinas; alguns outros decidiram conquistar aqueles dos quais suspeitavam no princípio de seu governo; alguns edificaram fortalezas; algumas as arruinaram e destruíram. E

---

portugueses." 3ª edição. Rio de Janeiro: Nova Fronteira, 2006, pág. 257

[25] Nota do tradutor: No cap. XXIV do Livro Segundo dos *Discursos Sobre A Primeira Década de Tito Lívio*, Maquiavel volta a tratar deste tema.

embora sobre todas essas coisas eu não posso dar uma determinada sentença, a menos que examinasse as particularidades de cada Estado sobre o qual tivesse de deliberar, mesmo assim falarei da maneira geral que a matéria por si mesma suporta.

Nunca aconteceu, todavia, que um príncipe novo desarmasse os seus súditos; aliás, quando os encontrou desarmados, armou-os sempre; porque, armando-os, aquelas armas tornam-se tuas, tornam-se fiéis aqueles que te são suspeitos, e os que eram fiéis continuam e de súditos tornam-se teus partidários. E porque não se pode armar todos os súditos, quando são beneficiados aqueles que tu armas, haverá mais segurança em relação aos outros, e a diferença de tratamento que veem com os outros os fazem obrigados contigo; os outros te desculpam, julgando ser necessário, por aqueles terem mais mérito por sofrerem mais perigo e terem mais obrigação. Mas, quando tu os desarmas, começas a ofendê-los, mostras que diverges deles ou por covardia ou por desconfiança, e uma e outra dessas opiniões geram ódio contra ti. E porque não podes ficar desarmado, convém que apeles à milícia mercenária, que é daquela qualidade da qual já falei; e, quando é boa não pode ser tanta que te defenda que te defenda de inimigos poderosos e de súditos suspeitos. Por isso, como falei, um príncipe novo num principado novo sempre providenciou armas. Destes exemplos a História está cheia. Mas, quando um príncipe conquista um território novo, que acrescenta como membro ao seu antigo, então é necessário desarmar aquele território, exceto aqueles que, na conquista, foram teus partidários; e esses ainda, com o tempo e as oportunidades, é necessário torná-los fracos e afeminados, e providenciar para que todas as armas do teu Estado estejam com teus soldados próprios, que vivem junto contigo no teu antigo território.

Costumavam nossos antepassados e aqueles considerados sábios dizer que era necessário manter Pistoia dividida e Florença fortalecida; e por isso em qualquer terra a eles submetida nutriam as divisões, para possuí-las mais facilmente. Isto, naqueles tempos em que a Itália estava de certo modo equilibrada, devia ser bem feito, mas não creio que se possa ter isso como preceito, porque eu não creio que as divisões façam jamais algum bem; aliás, é inevitável, quando o inimigo se aproxima, que as cidades divididas logo se percam, porque sempre a parte mais fraca se unirá às forças externas e a outra não poderá reinar.

Os venezianos, movidos, como creio, pelas razões mencionadas, nutriam as facções guelfas e gibelinas nas cidades a eles submetidas; e embora não as deixassem jamais derramarem sangue, todavia, nutriam entre eles essas desavenças, de modo que, ocupados os cidadãos com essas diferenças, não se unissem contra eles. O que, como se viu, não resultou como queriam, porque, sendo derrotados em Vailà, subitamente uma parte delas tomou coragem e lhes tiraram todos os territórios. Demonstram, portanto, tais procedimentos, fraqueza por parte do príncipe, porque em um principado forte não se permitiram nunca tais divisões, porque lhe são vantajosas em tempos de paz, podendo-se, mediante elas, mais facilmente manipular os súditos; mas, vindo a guerra, tal proceder mostra-se falacioso.

Sem dúvida, os príncipes se tornam grandes quando superam as dificuldades e as oposições que lhes são feitas e, por isso, a fortuna, principalmente quando quer fazer um príncipe novo, que tem mais necessidade de conquistar reputação que um hereditário, lhe dá inimigos e os move a empreitadas contrárias, de modo que ele tenha motivo para superá-las e pela escada que lhe impuseram seus inimigos subir mais alto. Por isso muitos julgam que um príncipe sábio deve, quando tiver oportunidade, estimular astuciosamente alguma inimizade de modo que, oprimindo-a, obtenha maior grandeza.

Têm os príncipes, especialmente aqueles novos, encontrado mais confiança e mais serviço naqueles homens que, no princípio de seu governo, foram considerados suspeitos que naqueles que no princípio eram de confiança. Pandolfo Petrucci, príncipe de Siena, regia o Estado mais com aqueles dos quais desconfiara que com os outros. Mas disto não se pode falar largamente, porque varia conforme a pessoa. Somente direi que aqueles homens que, no princípio do governo, foram inimigos, que são de tal qualidade que, para manter-se, é necessário apoiar-se neles, sempre o príncipe com facilidade grandíssima os conquistará; e eles tanto mais serão forçados a servi-lo fielmente quanto mais entenderem que é preciso cancelar com as obras aquela opinião desfavorável sobre eles. E assim o príncipe encontra mais utilidade neles que naqueles outros que, servindo com muita segurança, negligenciam seus negócios.

E porque a matéria o exige, não quero deixar de recordar aos príncipes que conquistaram um território mediante os favores de quem estava lá dentro que considerem bem que motivo moveu os que o favoreceram; e se não for uma afeição natural para com eles, mas se for somente porque eles não se contentavam com o outro governo, com fadiga e grande dificuldade poderá conservar essa amizade, porque será impossível contentá-los. E discorrendo bem, com os exemplos que das coisas antigas e modernas obtemos, verá ser muito mais fácil ganhar a amizade daqueles que estavam contentes com o governo anterior, e por isso eram seus inimigos, que daqueles que, por não se contentarem tornaram-se seus amigos e ajudaram-no a conquistá-lo.

É costume dos príncipes, para manter com mais segurança seu território, edificar fortalezas, que sejam a rédea e o freio daqueles que desejem ficar contra eles, e que sejam um refúgio seguro em caso de um súbito ataque. Eu louvo este hábito porque ele é usado desde a antiguidade; porém messe Niccolò Vitelli, na nossa época, foi visto destruindo duas fortalezas em Città del Castello, para manter aquele território. Guido Ubaldo, duque de Urbino, retornando aos seus domínios, dos quais fora expulso por César Bórgia, destruiu desde os alicerces todas as fortalezas daquela província, e julgou que sem elas seria mais difícil perder novamente sua posição. Os Bentivogli, ao voltar a Bolonha, fizeram o mesmo. São, portanto, as fortalezas úteis ou não conforme a época e, se te fazem bem em uma parte, te prejudicam em outra. E se pode discorrer sobre esta parte assim: o príncipe que tiver mais medo do povo que dos forasteiros deve fazer fortalezas; mas o que tiver mais medo dos forasteiros que do povo deve deixá-las para trás. À dinastia dos Sforza fez e fará mais guerras o castelo de Milão, que lá edificou Francesco Sforza, que qualquer outra desordem daquele Estado. Por isso, a melhor fortaleza que há é não ser odiado pelo povo, porque, embora tenhas fortalezas e o povo te odeie, elas não te salvarão, porque nunca faltarão ao povo, uma vez que tenham armas, forasteiros que o ajudem. Nos nossos tempos não se vê que elas tenham sido proveitosas para algum príncipe, exceto à condessa de Furlí, quando seu esposo, o conde Girolamo, foi morto; porque mediante uma pôde fugir ao ímpeto do povo e esperar o socorro de Milão – e recuperou o Estado.[26] E o tempo estava de um jeito que o forasteiro não podia socorrer o povo, mas depois, valeram-lhe pouco as fortalezas, quando César Bórgia a atacou, e o povo que era seu inimigo aliou-se aos forasteiros. Portanto, então e antes teria sido mais seguro para ela não ser odiada pelo povo que ter fortalezas. Considerando, portanto, todas essas coisas, louvarei quem

---

[26] Nota do tradutor: Maquiavel conta esse caso mais detalhadamente no capítulo VI do Livro Terceiro dos *Discursos Sobre A Primeira Década de Tito Lívio*.

fizer fortalezas e quem não as fizer, e criticarei qualquer um que, confiando nas fortalezas, não se importar em ser odiado pelo povo.

Cap. 21

Quod principem deceat ut egregius habeatur.

[O que convém a um príncipe para que seja estimado.]

Nada dá tanta estima a um príncipe que fazer grandes empreitadas e dar de si raros exemplos. Temos em nossa época Fernando de Aragão, atual rei da Espanha. Ele pode ser considerado um príncipe novo, porque, de rei fraco tornou-se, por fama e por glória, o primeiro rei dos cristãos; e, se considerares as suas ações, as acharás todas grandíssimas e alguma extraordinária. Ele, no princípio de seu reinado, assaltou Granada, e essa empreitada foi o alicerce do seu reinado. Primeiro, a fez despreocupado e sem temor de ser impedido: manteve ocupados com ela os ânimos dos barões de Castela, os quais, pensando naquela guerra, não pensavam em inovações; e eles conquistava por esse meio reputação e domínio sobre eles, que não o percebiam. Pôde nutrir com dinheiro da Igreja e dos súditos os exércitos, e alicerçar, com aquela longa guerra, sua milícia, que o honrou depois. Além disso, para que pudesse empreender maiores façanhas, servindo-se sempre da religião, voltou-se para uma piedosa crueldade, expulsando e espoliando os "marranos" do seu reino; não pode haver exemplo mais miserável e mais raro. Assaltou, sob o mesmo manto [da religião], a África; fez a campanha da Itália; ultimamente assaltou a França; e assim sempre tem feito e ordenado coisas grandes, as quais sempre mantiveram suspensos e maravilhados os ânimos dos súditos e ocupados com o evento da vez. E suas ações nascem uma da outra, de modo que nunca dá espaço para que os homens sossegadamente operem contra ele.

Possa ainda um príncipe dar de si exemplos raros de governo interno, iguais aos que se narram de messer Bernabò de Milão, quando houver ocasião para que alguém faça algo extraordinário, de bem ou de mal, na vida civil, encontrando um modo de premiá-lo ou puni-lo, dando muito o que falar. E, acima de tudo, um príncipe deve buscar dar de si, em cada ação, fama de grande e de excelente.

É também estimado um príncipe quando ele é verdadeiro amigo e verdadeiro inimigo, isto é, quando sem temor algum se revela em favor de alguém contra um outro. Tomar partido será mais útil que a neutralidade: porque, se dois poderosos vizinhos teus entram em conflito, ou são de qualidade que, vencendo um deles, tu tenhas a temer o vencedor, ou não. Em qualquer destes dois casos, te será sempre mais útil te revelares e fazeres uma boa guerra; porque, no primeiro caso, se não te revelas, serás sempre presa de quem vencer, com prazer e satisfação de quem for derrotado, e não há razão nem coisa alguma que te defenda nem te favoreça. Porque quem vence não quer amigos suspeitos e que não o ajudem na adversidade; quem perde não te favorece, por não teres tu querido com armas na mão correr em defesa dele.

Antíoco tinha passado pela Grécia, enviado pelos etólios para combater os romanos. Mandou Antíoco embaixadores aos aqueus, que eram amigos dos romanos, para convencê-los a ficarem neutros; e da outra parte os romanos os persuadiam a pegar em armas por eles. Essa matéria foi discutida no concílio dos aqueus, onde o enviado de Antíoco os persuadia a ficarem neutros, ao que o enviado de Roma respondeu: *"Quod austem isti dicunt non interponendi vos bello, nihil magis alienum rebus vestris ets; sine gratia, sine dignitate, praemium victoris eritis*[27]*"*.

E sempre acontecerá que aquele que não for amigo aconselhar-te-á a neutralidade e aquele for amigo recomendará que te mostres com as armas. E os príncipes indecisos, para evitar os perigos presentes, seguem na maioria das vezes a via neutra, e na maioria das vezes se arruínam. Mas, quando um príncipe se revela galhardamente a favor de uma das partes, se aquele ao qual te alias vence, ainda que seja potente e tu fiques à sua disposição, ele tem obrigação para contigo e terá contraído amizade; e os homens não são assim tão desonestos que com tal exemplo de ingratidão te oprimam. Depois, as vitórias não são assim tão estáveis para que o vencedor não tenha que ter respeito algum especialmente à justiça. Mas, se aquele ao qual aderiste perde, tu és recebido por ele; e sempre que puder te ajudará, e te tornas companheiro de uma fortuna que pode ressurgir. No segundo caso, se aqueles que combatem são de qualidade que nada tenhas a temer, é ainda maior prudência tomares partido porque arruinarás um com a ajuda de outro que deveria salvá-lo, se fosse sábio, e, vencendo, fica à tua disposição, e é impossível, com a tua ajuda, que não vença.

E aqui deve-se notar que um príncipe deve tomar cuidado para não fazer companhia a alguém mais potente que ele para ofender outros, a não ser quando a necessidade o obriga, como acima se disse; porque, vencendo, torna-se seu prisioneiro, e os príncipes devem evitar, o quanto possam, ficar à disposição de outro. Os venezianos acompanharam a França contra o Duque de Milão, e podiam evitar ter feito aquela campanha, da qual resultou a sua ruína. Mas, quando não se pode evitá-lo, como aconteceu aos florentinos, quando o papa e a Espanha foram com seus exércitos assaltar a Lombardia, então deve o príncipe aderir pelas razões já referidas. Não creia jamais um Estado poder tomar partidos seguros, antes pense em

---

[27] Nota do tradutor: "Quanto ao conselho de não interferirdes na guerra, nada é mais alheio aos interesses vossos; sem reconhecimento nem dignidade, serei prêmio do vencedor."

todos os riscos de tomá-los, porque está na ordem das coisas que nunca se foge a um inconveniente sem cair em outro, mas a prudência consiste em saber avaliar a qualidade dos inconvenientes, e tomar o menos ruim como melhor.

Deve ainda o príncipe mostrar-se amante da virtude, e honras os excelentes em uma arte. Além disso, deve animar os cidadãos a tranquilamente exercitar seus ofícios, no comércio e na agricultura, e em todas as outras atividades dos homens, e que um não tema ornamentar sua propriedade por medo de que lhe seja tirada e outro não tema abrir um comércio por causa dos tributos, mas deve providenciar prêmios a quem fizer estas coisas, e a quem pensar de qualquer forma ampliar a sua cidade e o seu Estado. Deve, além disso, nas épocas convenientes do ano, manter o povo ocupado com festas e espetáculos. E porque todas as cidades estão divididas em artes e corporações, deve dar conta de todos eles, reunir-se com eles de vez em quando, dar de si exemplos de humanidade e munificência, mantendo sempre firme a majestade de sua dignidade, porque isto não deve falhar em nada.

Cap. 22
De his quos a secretis príncipes habent.
[Dos secretários que os príncipes têm junto a si.]

Não é de pouca importância para um príncipe a escolha dos ministros, os quais serão bons ou não conforme a prudência do príncipe. E a primeira conjectura que se faz do cérebro de um senhor é ver os homens que têm ao seu redor, e quando são suficientes e fiéis, sempre se pode reputá-lo sábio, porque soube conhecê-los suficiente e mantê-los fiéis.

Mas, quando são o contrário, sempre não se pode fazer bom juízo dele, porque o primeiro erro que faz é nessa escolha.

Não havia quem conhecesse messer Antonio de Venafro como ministro de Pandolfo Petruci, príncipe de Siena, que não reconhecesse Pandolfo como um bravíssimo homem, tendo-o como ministro. E porque há três tipos de cérebros – um sabe por si mesmo, o outro discerne o que o outro sabe, e o terceiro não sabe nem por si nem pelos outros – o primeiro é excelentíssimo, o segundo excelente e o terceiro é inútil, convinha portanto necessariamente que Pandolfo, se Pandolfo não estivesse no primeiro caso, que estivesse no segundo; porque, todas as vezes em que alguém é capaz de discernir o bem e o mal que outro faz e diz, mesmo que por si mesmo não tinha iniciativa, conhece as obras más e boas do ministro, e a estas exalta e as outras corrige; e o ministro não poderá enganá-lo e manter-se-á bom.

Mas para que um príncipe conheça um ministro há um método que não falha nunca. Quando vês um ministro pensar mais em si que em ti, e que em todas as ações busca a própria vantagem, esse tal nunca poderás confiar, porque aquele que tem o governo de outro nas mãos não deve pensar nunca em si, mas sempre no príncipe, e não cuidar jamais do que não pertence a ele. E por outro lado, o príncipe, para mantê-lo bom, deve pensar no ministro, honrando-o, fazendo-o rico, tornando-o grato, dividindo com ele as honras e as tarefas, de modo que veja que não pode ficar sem ele, e que as muitas honras não lhe façam desejá-las ainda mais, as muitas riquezas não o faça desejar ainda mais, as muitas tarefas o façam temer as mudanças. Quando, portanto, os ministros e o príncipe entre os ministros assim fazem, podem confiar uns nos outros; e, ao contrário, o fim sempre será danoso ou para um ou para o outro.

Cap. 23

Quomodo adulatores sint fugiendi.

[De que modo fugir dos aduladores.]

Não quero deixar de lado um tema importante e um erro que os príncipes dificilmente evitam se não forem prudentíssimos ou se não fizerem uma boa escolha. Trata-se dos aduladores, dos quais as cortes estão cheias, porque os homens se agradam tanto das coisas que lhes são próprias e de tal modo se enganam que, dificilmente, se defendem dessa peste; e querendo defender-se, corre-se o perigo de tornar-se desprezível. Porque não há outra maneira de evitar os aduladores além de compreender que não é ofensa dizer-te a verdade, mas quando qualquer um te pode dizer a verdade, falta-te a reverência. Portanto, um príncipe prudente deve ter uma terceira via, escolhendo em seu governo homens sábios, e somente a eles deve dar liberdade de falar-lhe a verdade, e das coisas que perguntar a eles e não de outras; mas deve perguntar-lhes sobre tudo e ouvir suas opiniões; depois deliberar por si, a seu modo; e com estes conselhos e com qualquer deles portar-se de modo que todos entendam o quanto mais livremente lhe falarem tanto mais serão aceitos: além deles, não aceitar ouvir mais ninguém, seguir o que foi deliberado e ser obstinado em suas deliberações. Quem faz de outra forma, ou precipita os aduladores ou se cala frequentemente pela variação dos pareceres; disso resulta sua pouca estima.

A propósito, quero acrescentar um exemplo moderno. O padre Luca, homem do atual imperador Maximiliano, falando de Sua Majestade, disse que ele jamais se aconselha com alguém e não faz coisa alguma ao seu modo, o que resulta em ter o fim contrário ao dito acima. Porque o imperador é um homem misterioso, não comunica a ninguém os seus desígnios, nem pede parecer, mas como ao pô-los em prática passam a ser conhecidos e descobertos, começam a ser contraditos por aqueles que lhe estão em torno, e ele, facilmente, os encerra. O resultado é que aquilo que faz em um dia desfaz no outro e não se sabe nunca o que ele queira ou pretenda fazer, e que não se pode apoiar-se em suas decisões.

Um príncipe, portanto, deve aconselhar-se sempre, quando quiser, e não quando os outros quiserem; antes, deve tirar o ânimo de qualquer um que queira aconselhá-lo sobre algo que não lhe foi perguntado; mas ele deve perguntar largamente e, depois, das coisas perguntadas ser um paciente ouvinte da verdade; aliás, entendendo que alguém por respeito não lha diga, aborrecer-se. E embora muitos creiam que um príncipe, que dá de si a impressão de prudente, o seja considerado não pela sua natureza mas pelos bons conselhos que tem ao redor, se enganam. Porque esta é uma regra geral que não falha nunca: um príncipe, que não seja sábio por si mesmo, não pode ser bem aconselhado, a não ser que a sorte o entregasse a um só que em tudo o governasse, e que fosse homem prudentíssimo. Neste caso, poderia se dar bem, mas duraria pouco, porque aquele governante logo lhe tiraria o Estado, mas, aconselhando-se com mais de um, um príncipe que não seja sábio não terá jamais os conselhos unificados, não saberá por si mesmo uni-los: os conselheiros, cada um pensará no que lhe é próprio, ele não saberá corrigi-lo, nem reconhecer isso. E não poderia ser de outro modo, porque os homens sempre serão vis a menos que uma necessidade não os fizer bons. Por isso se conclui que os bons conselhos, venham de onde vierem, devem nascer da prudência do príncipe, e não a prudência do príncipe dos bons conselhos.

Cap. 24

Cur Italiae príncipes regnum amiserunt.

[Por que os príncipes da Itália perderam seus reinos.]

As coisas supracitadas, observadas prudentemente, fazem um príncipe novo parecer antigo e o tornam rapidamente mais seguro e firme no reino que se fosse antigo lá dentro. Porque um príncipe novo é muito mais observado em suas ações que um hereditário; e quando são vistas como virtuosas, conquistam muito mais os homens e mais os obrigam que a linhagem antiga. Porque os homens são muito mais apegados às coisas presentes que às passadas, e quando nas presentes encontram o bem, delas se agradam e não buscam outro; antes, defendê-lo-ão em tudo quando não falte a si mesmo em outras coisas. E assim terá dupla glória, por haver dado princípio a um principado novo e tê-lo ornado e contemplado com boas leis, boas armas, bons aliados e bons exemplos; assim como tem dupla vergonha aquele que, nascido príncipe, o perdeu por sua pouca prudência.

E se considerarmos aqueles senhores que perderam o poder em nossos tempos na Itália, como o Rei de Nápoles, o Duque de Milão e outros, se encontrará neles, um defeito em comum quanto às armas, pelas razões discutidas anteriormente; depois, veremos alguns deles que ou que tiveram o povo como inimigo, ou, se teve o povo como amigo, não soube proteger-se dos grandes, porque, sem esses defeitos, não se perdem os Estados que tenham tanta força que possam manter um exército em campanha. Felipe da Macedônia – não o pai de Alexandre Magno, mas aquele que foi vencido por Tito Quinto – não tinha grande poder se comparado à grandeza dos romanos e da Grécia que o assaltaram; mesmo assim, por ser um militar e por saber manipular o povo e proteger-se dos grandes, susteve a guerra muitos anos contra eles e, se no fim, perdeu o domínio de algumas cidades, manteve mesmo assim o reino.

Portanto, estes nossos príncipes, que estiveram muitos anos nos seus principados, por tê-lo perdido não acusem a fortuna, mas a própria ignomínia, porque, não tendo nunca pensado nos tempos de quietude que eles pudessem mudar (o que é um defeito comum dos homens, não pensar na tempestade durante a bonança), quando depois chegam os tempos adversos, pensam em fugir e não em defender-se; e esperaram que o povo, cansado da insolência dos vencedores, os chamasse de volta. Tal partido, na falta de outros, é bom; mas é péssimo trocar os outros remédios por ele, porque é preciso nunca cair, por acreditar que encontrará quem te levante. Isso ou não acontece ou, quando acontece, não te dá segurança por ser essa defesa vil e não depender de ti. E as defesas apenas são boas, certas e duráveis se dependerem de ti e da tua virtude.

Cap. 25

Quantum fortuna in rebus humanus possit, et quomodo illis it occurendum.

[Quanto pode a fortuna nas coisas humanas, e de que modo se pode resistir a ela.]

Não se desconhece que muitos tiveram e têm a opinião de que as coisas do mundo sejam governantes pela Fortuna e por Deus, que os homens com a sua prudência não as podem corrigir, antes não têm remédio algum para isso; e, por isso, pode-se julgar que não se deve cansar-se muito com isso, mas deixar-se levar pela sorte. Esta opinião tem sido muito adotada nos nossos tempos pela grande variação das coisas que vimos e vemos todos os dias, fora de qualquer humana conjectura. Pensando nisso algumas vezes, me inclino um pouco para essa opinião. Mesmo assim, porque nosso livre arbítrio não se extinga, julgo ser verdadeiro que a fortuna arbitre sobre metade de nossas ações, mas que ela também deixe governar a outra metade e a entregue a nós. E a compare a um desses rios caudalosos que, quando transbordam, alagam as planícies, arruínam árvores e edifícios, levam terra desta parte e a põem naquela outra: todos fogem diante deles, todos cedem ao seu império, sem poder impedi-los em parte alguma. E, embora seja assim, resta porém aos homens, nos tempos plácidos, tomar providências com reparos e represas de modo que, crescendo depois, seguirão por um canal ou o seu ímpeto não seja tão licencioso nem danoso. Igualmente sucede com a fortuna: ela mostra sua força onde não se ordenou virtude que se oponha a ela, e, portanto, volta seu ímpeto para onde sabe que não foram feitos diques e reparos para contê-la. E se considerardes a Itália, que é a sede dessas variações e que lhes deu lugar, vereis que é uma planície sem represas e sem qualquer reparo; que, se ela fosse reparada com conveniente virtude, como a Magna, a Espanha e a Grécia, ou esta cheia não feito as variações que fez ou não teria acontecido. E espero que isto baste quanto ao tema de opor-se à fortuna universalmente.

Mas, restringindo-me mais ao particular, digo como se vê hoje este príncipe a comemorar e amanhã arruinando-se, sem que o vejamos mudar sua natureza ou qualquer qualidade, o que creio que resulte, primeiro, das razões que foram longamente discutidas anteriormente, isto é, que o príncipe que se apoia totalmente na sorte se arruína, quando esta varia. Creio, ainda, que seja feliz aquele que harmoniza seu modo de proceder com a qualidade dos tempos e, igualmente, seja infeliz aquele cujo proceder discorda do tempo. Porque se veem nos homens, nas coisas que conseguem ao final, glória e riqueza, o que fizeram antes, procederem de forma diferente: um com prudência, outro com ímpeto; um com violência, outro com arte; um com paciência, outro com o seu contrário; e ambos com suas diferenças podem vencer. Veem-se também dois indivíduos, um alcança o seu objetivo e outro não; e também dois igualmente vencerem com dois métodos diversos, sendo um cauteloso e outro impulsivo, o que não nasce de outra coisa senão da qualidade dos tempos, que se conformam ou não com o seu proceder. Daí nasce o que eu disse, que dois que agem de modo diferente obtém o mesmo resultado, e dois agindo igualmente, um alcança o seu objetivo e o outro não. Disto ainda depende a variação do bem, porque se um que governa com prudência e paciência, os tempos e as coisas giram de modo que seja feliz, mas, se os tempos e as coisas mudam, arruína-se porque não muda o seu proceder. Não se encontra um homem tão prudente que saiba acomodar-se a isto, seja porque não pode se desviar das inclinações da sua natureza, seja também porque, tendo sempre alguém prosperado caminhando por uma via, não se convence a deixá-la. E por isso o homem cauteloso, quando chega o tempo de ser impetuoso, não sabe fazê-lo, daí, arruína-se, pois, se as pessoas mudassem sua natureza com os tempos e os fatos, sua sorte não mudaria.

O papa Júlio II em tudo procedia impetuosamente e encontrou tanto o tempo quanto as coisas conforme o seu modo de proceder que sempre teve felizes resultados. Considerai a primeira investida que fez em Bologna, quando messer Giovanni Bentivogli ainda vivia. Os venezianos não se contentavam, o rei de Espanha igualmente, com a França discutia tal empreitada; e, mesmo assim, com ferocidade e ímpeto, conduziu pessoalmente aquela expedição. Isso deixou suspensos e paralisados a Espanha e os venezianos, aqueles por medo e os outros pela ambição que tinham de recuperar todo o reino de Nápoles; por outro lado, o rei da França o seguiu, porque, vendo aquele monarca [o papa] mover-se, e desejando tê-lo como aliado para rebaixar os venezianos, julgou não poder negar-lhe a sua gente sem injuriá-lo explicitamente. Conduziu, portanto,

Júlio, com seu passo impetuoso o que jamais outro pontífice, com toda a humana prudência, teria conduzido, porque, se ele esperasse partir de Roma com todos os acordos concluídos e todas as coisas ordenadas, como qualquer outro pontífice teria feito, nunca o conseguiria, porque o rei da França teria dado mil desculpas e os outros teriam mil temores. Quero deixar de lado suas outras ações, que todas são iguais, e todas lhe resultaram bem; porque, se tivesse havido tempos que exigissem proceder com prudência, seriam sua ruína, pois nunca teria se desviado desses métodos, aos quais a natureza o inclinava.

Concluo, portanto, que, variando a fortuna, e estando os homens obstinados em seus métodos, são felizes quando em harmonia [com os tempos] e, quando discordam, arruínam-se. Eu julgo bem isto: que é melhor ser impetuoso que cauteloso, porque a fortuna é mulher, e é necessário, querendo submetê-la, surrá-la e gritar com ela. Se vê que ela se deixa vencer mais por estes que por aqueles que friamente procedem. E por isso sempre, como mulher, é amiga dos jovens, porque são menos cautelosos, mais ferozes e com mais audácia a dominam.

Cap. 26

Exhortatio ad capessendam Italiam in libertatemque a barbaris vindicandam.

[Exortação a conquistar a Itália e libertá-la das mãos dos bárbaros.]

Considerando, portanto, todas as coisas anteriormente discutidas, e pensando comigo mesmo se, na Itália hodierna, corriam tempos que pudessem honrar um príncipe, e se havia matéria que desse oportunidade a um prudente e virtuoso de agir de forma que fizesse honra a ele e bem à coletividade dos italianos, me parece que ocorrem tantas coisas propícias a um príncipe novo que não sei qual outra época fosse mais própria para isso. E se, como eu disse, era necessário, para mostrar-se a virtude de Moisés, que o povo de Israel fosse escravo no Egito, e que para conhecer a grandeza do ânimo de Ciro, que os persas fossem oprimidos pelo medos, e a excelência de Teseu, que os atenienses estivessem dispersos, assim no presente, para que se conheça a virtude de um príncipe italiano, era necessário que a Itália se reduzisse à situação presente, e que fosse mais escrava que os hebreus, mais serva que os persas, mais dispersa que os atenienses, sem cabeça, sem ordem; batida, espoliada, lacerada, penetrada, e tivesse suportado toda sorte de injúria. E embora até aqui se tenha visto uns respiradouros em alguns, a ponto de fazer crer que tenham sido enviados por Deus para redimi-la, também se viu depois como, no ponto mais alto de suas ações, foram reprovados pela fortuna. De modo que, inerte, espera quem possa sanar suas feridas, e ponha fim aos saques na Lombardia, aos tributos do Reino [de Nápoles] e da Toscana, e a livre daquelas placas já por muito tempo infestadas. Vê-se como pede a Deus que lhe envie alguém que a redima dessa crueldade e dessa barbárie insolente. Vê-se ainda toda pronta e disposta a seguir uma bandeira, quando houver alguém que a erga. Nem se vê, atualmente, em quem ela possa esperar mais que em Vossa ilustre Casa, que, com sua fortuna e virtude, favorecida por Deus e pela Igreja, da qual é agora príncipe [Leão X, papa da família Médici], possa fazer-se cabeça dessa redenção. O que não será muito difícil, se recordardes as ações e a vida dos supracitados. E embora aqueles homens sejam raros e maravilhosos, mesmo assim foram homens, e cada um deles teve menores oportunidades que a presente, porque suas empreitadas não foram mais justas que esta, nem mais fácil, nem Deus foi tão amigo deles quanto vosso. Eis uma grande justiça: *"iustum enim est bellum quibus necessarium, et pia arma ubi nulla nisi in armis spes est.* "[28] Eis uma disposição grandíssima; não pode haver, onde há uma grande disposição, grande dificuldade, desde que sejam seguidos os procedimentos daqueles que propus como modelos. Além disso, aqui se veem coisas extraordinárias conduzidas por Deus: o mar se abriu, uma nuvem revelou o caminho, uma pedra verteu água, choveu maná, tudo concorre para a vossa grandeza. O restante Vós deveis fazer. Deus não quer fazer tudo para não nos tirar o livre arbítrio e a parte da glória que nos toca.

E não é de maravilhar-se que um dos mencionados italianos não tenha podido fazer o que se pode esperar que a Vossa Casa faça, se em tantas revoluções da Itália e em tantos movimentos bélicos parece que a virtude militar está extinta. Isto se dá porque os seus antigos ordenamentos não eram bons e não surgiu ninguém que os soubesse renovar e tal coisa fará tanta honra a um homem que de repente surja quanto o fazem novas leis e novas instituições criadas por ele. Estas coisas, quando são bem fundamentadas e tragam em si grandeza, o fazem reverenciado e exemplar, e na Itália não falta motivos para renovar todas as formas. Aqui há grande virtude nos membros, se não há nas cabeças. Espelhai-vos nos duelos e nos confrontos de poucos, quanto os italianos são superiores em força, com a destreza e o engenho. Mas, quando se trata dos exércitos, não comparecem. E tudo procede da debilidade dos chefes porque os que sabem não são obedecidos, e todos parecem saber, não tendo até agora surgido algum que tenha dado mostras disso, fazendo os outros cederem por virtude e por fortuna. Disso resulta que, em todo esse tempo, em tantas guerras feitas nos últimos vinte anos, quando houve um exército totalmente italiano,

---

[28] Nota do tradutor: "A guerra é sempre justa quando necessária, e pias as armas quando nelas está a esperança"

sempre teve mau desempenho. Do que é testemunha primeiro o Taro, depois Alexandria, Cápua, Gênova, Vailà, Bolonha, Mestri.

Querendo, portanto, a Vossa ilustre Casa imitar os excelentes homens que redimiram suas províncias, é necessário, antes de tudo o mais, como verdadeiro fundamento de qualquer empreitada, prover-se de armas próprias, porque não se pode ter mais fiéis, nem mais verdadeiros, nem melhores soldados. E, embora algum desses seja bom, todos juntos tornar-se-ão melhores, quando se virem comandados por seu príncipe e por ele honrados e conduzidos. É necessário, portanto, preparar-se com estas armas, para poder com a virtude italiana defender-se dos estrangeiros. E, embora as infantarias espanhola e suíça tenham uma fama assustadora, mesmo assim em ambas há o defeito pelo qual uma terceira ordem poderia não apenas opor-se a elas mas esperar superá-las. Porque os espanhóis não conseguem resistir aos cavalos e os suíços têm pavor dos infantes quando os encontram obstinados num combate contra eles. Isso se viu e se vê por experiência: os espanhóis não podem conter a cavalaria francesa e os suíços foram arruinados por uma infantaria espanhola. E, embora deste último não se tenha visto a experiência inteira, se viu um ensaio na batalha de Ravenna, quando a infantaria espanhola enfrentaram os batalhões alemães que seguem o mesmo padrão das suíças, quando os espanhóis, com a agilidade do corpo e a ajuda dos seus broquéis, entraram sob as lanças alemãs, e estavam seguros de vencê-los sem que os alemães tivessem remédio; e se não fosse a cavalaria que os atacou, tê-los-iam eliminado completamente. Pode-se, portanto, conhecidos os defeitos de uma e de outra destas infantarias, ordenar uma nova, que resista aos cavalos e não tenha medo dos infantes, o que fará a regeneração das armas e a mudança dos métodos. E esta é uma das coisas que, renovadas, dão reputação e grandeza a um príncipe novo.

Não se deve, portanto, deixar passar essa oportunidade, de modo que a Itália, depois de tanto tempo, veja um novo redentor. Não posso expressar com quanto amor ele será recebido em todas as províncias que têm sofrido com essas invasões estrangeiras; com que sede de vingança, com que obstinada fé, com que piedade, com que lágrimas. Que portas se fechariam a ele? Que povoados lhe negariam obediência? Que inveja se oporia a ele? Que italiano lhe negaria um favor? A todos esse bárbaro domínio fede. Tome, então, a ilustre Casa Vossa este assunto com o ânimo e a esperança com que tomam os justos objetivos, de modo que, sob a sua insígnia, esta pátria seja enobrecida e, sob seus auspícios, se verifique as palavras de Petrarca:

Virtú contro al furore
Prenderà l'arme, e fia el combatter corto;
Ché l'antico valore
Nell' italici cor non è ancora morto[29].

---

[29] Nota do tradutor: "A virtude contra o furor / Pegará em armas, e será o combate curto; / Porque o antigo valor / Nos corações italianos ainda não está morto."

Printed in Great Britain
by Amazon

24299392R00057